● 本书受到清华大学外文系资助

库切评传

他 与 他 的 人

J. M. Coetzee

王敬慧／著

知识产权出版社

全国百佳图书出版单位

—北 京—

图书在版编目（CIP）数据

库切评传：他与他的人/王敬慧著. —北京：知识产权出版社，2023.1
ISBN 978-7-5130-8584-7

Ⅰ.①库… Ⅱ.①王… Ⅲ.①库切—评传 Ⅳ.①K834.785.6

中国版本图书馆 CIP 数据核字（2022）第 252835 号

策划编辑：蔡　虹　　　　　　　责任校对：谷　洋
责任编辑：高　超　　　　　　　责任印制：孙婷婷
封面设计：杨杨工作室·张冀

库切评传——他与他的人
王敬慧　著

出版发行：	知识产权出版社 有限责任公司	网　　址：	http://www.ipph.cn
社　　址：	北京市海淀区气象路 50 号院	邮　　编：	100081
责编电话：	010-82000860 转 8324	责编邮箱：	caihong@cnipr.com
发行电话：	010-82000860 转 8101/8102	发行传真：	010-82000893/82005070/82000270
印　　刷：	北京建宏印刷有限公司	经　　销：	新华书店、各大网上书店及相关专业书店
开　　本：	880mm×1230mm　1/32	印　　张：	8.5
版　　次：	2023 年 1 月第 1 版	印　　次：	2023 年 1 月第 1 次印刷
字　　数：	173 千字	定　　价：	68.00 元

ISBN 978-7-5130-8584-7

文学是人类灵魂的诗意居所，
描述着人类作为社群的存在。

前　言

　　本书文本研究的理论基础主要来自希利斯·米勒（J. Hillis Miller）关于小说中的社群理论研究❶，特别是《小说中的社群》（*Communities in Fiction*）和《社群的爆燃：奥斯威辛前后的小说》（*The Conflagration of Community：Fiction before and after Auschwitz*）。米勒在《小说中的社群》中通过具体文本分析提出了被重新定义的现代社会的社群（community）概念。他认为是社群的错位（dislocation）、分解（dissolution）和爆燃（conflagration）构成了"现代社会最痛苦而严峻的证词（testimony）"。文学社群的概念不是米勒首先提出的，更早可以追溯到雷蒙德·威廉姆斯（Raymond Williams）、马丁·海德格尔（Martin Heidegger）和让·卢克·南希（Jean‑Luc Nancy）等人。但是米勒首先运用这一理论大量分析文学作品，他的文本细读方式给笔者很多启发。笔者认真研读米勒所写的文章，研究他如何用后现代社群理论对特罗洛普、哈代、康拉德、伍尔夫、皮钦翁和塞万提斯的经典小说进行评论，体会其如何识别小说中的社群表现。对这种虚构的非实体

----

❶　详细内容参见本书后现代社群理论梳理章节。

化社群的研究目的，用米勒的观点说，就是"以新的方式看待自己所在的社群，并做出相应的改变"。笔者遵循本体阐释的思路，学习和参照米勒的研究方法，着力点在于对库切文本的比较与分析以及作品与作者的关系研究。研究库切文本中的社群概念就是研究他如何在小说维度里关注当下人类的需求——人性的光辉与坚韧、优雅的情怀。

本书用"后现代社群"这个关键词，主要原因是笔者希望明确标识，本书的理论背景属于后现代主义研究范畴。尽管作为后现代解构主义文论大师，米勒在进行社群理论阐释和应用时没有使用后现代这个字眼，但是笔者认为严谨起见，对库切作品的研究应该清楚界定为后现代社群研究。

本书是笔者关于库切研究的第二本专著，距离前一本书《永远的流散者：库切评传》❶ 的出版过去了十多年的时间。如果用"错位""分解"和"爆燃"这三个关键词来评述这两本专著，前一本书关注的主要是库切文本中的"错位"和"分解"，而这本书则是关注"爆燃"，如果不用目前的标题，笔者曾经想给此书起的另一较长的书名是"从《小说中的社群》到'社群的爆燃'——《耶稣三部曲》"，因为本书的主要研究内容是库切移民澳大利亚之后的创作，特别是他最近七年出版的耶稣三部曲系列作品。在笔者看来，耶稣三部曲系列作品是库切"外省生活场景"三部曲——《男孩》《青春》和《夏日》的爆燃版本，展现了库切宏大的叙事技巧与视野。他的文学表达已经超越

---

❶ 2011 年，北京大学出版社出版。

了自传体小说的表现形式，视角在民族国家体系之上，直接思考人类作为整体的社群存在问题。

本书希望通过继续对库切作品与学术研究的梳理，向读者间接展现世界文学以及西方文学理论发展的具体脉络。纵观对库切在澳大利亚、南非、美国、英国以及欧洲各国学术机构的生活和工作经历的梳理，也呼应本书研究框架所认同的有关后现代社群的三种不同状态：先是错位状态——竭尽全力向中心处靠拢（滞留英国与美国的十年）；然后是分解状态——流散在世界各地、陷入自我身份的认同困境与思考中（游历在南非和其他欧美各国之间的三十年）；最后是爆燃状态——完全接受了流散所带来的"无家可归性"（homelessness），形成了全球化世界公民意识（定居澳大利亚的十几年）。在澳大利亚的这一阶段，库切从有界到无界，在文本中拓展了一个更加多元文化的社群空间，他可以超越国别、民族甚至性别的界限，更自如地怀疑既定的标准和真理，重新思考怎样才是更合理、更人道的社群状况，以及什么是真理，等等。在这样的思考中，自我认同就不仅是简单地寻找或靠近可依赖的认同对象，而是对于对象本身和自我这个认同主体都有所调整。这样的认同过程，表面上是解构的，本质上是建构的。

库切一直喜欢用第三人称的形式来进行作品创作，甚至在他的诺贝尔文学奖获奖致辞中，他也用第三人称的题目："他与他的人"来阐释他的创作理念。其中一段可以用来寓意作者与作品中人物之间的关系："他们像两艘驶往相反方向的船，一艘往西，一艘往东。或者更确切地说，他们是船上做苦力的水手，各自在往西和往东的船上。他们的船交汇时贴得很近，近得可以抓住对方。但大海颠簸起伏，狂风暴雨肆虐而至，风雨冲刷着双眼，双手被缆索勒伤，他们擦肩而过，连挥一下手的功夫都没有。"所以本书的主旨是研究库切之"他与他的人"，要解决的首要问题是全面理解库切这位经典作家的人生历程（特别最近十年），其次是详细分析他的作品以及作品可以指涉的文论背景与后现代社群的构建。

本书分上、中、下三篇。上篇题目为：库切——其人；中篇题目为：库切——其作品；下篇题目为：库切——其同道。上篇主要介绍笔者与之交往、近距离观察到的库切，目的是展现一个多维立体的作家库切；中篇则是通过解读库切近些年的文本，特别是他的耶稣三部曲系列，具体剖析库切文本中具有反思性和批判性的后现代社群观念建构过程，同时侧重从中国学者的角度进行思考和品评；下篇主要针对库切自己所写文论，以及他对其他作家的关注，挑选出典型作家，将库切文本与这些作家的作品进行比较研究。

文学从来不是被动地传达信息，而是主动地在读者与历史、个人与社会之间发挥媒介作用，一方面形成人们对自我、对过去、对集体的感知；另一方面影响着未来的人们对当下的记忆。文学使个体记忆为公众所共有，建构并维持一个社群的文化记忆。笔者希望通过从后现代社群的视角对库切的文本进行深入研读，让其文本中后现代社群的文化记忆得以有效地延展。

目　录

中篇　库切——其作品

上篇　库切——其人

1. 约翰·麦克斯韦尔·库切（John Maxwell Coetzee，1940—）出生于南非（The Republic of South Africa），和某些读者所猜测的不一样，他不是一位黑人作家，他的先祖是 17 世纪从荷兰来到非洲最南端的欧洲白裔移民。

2. 他是小说家，两度获得英语文学重要奖项——布克奖，获奖作品分别是《迈克尔·K 的生活和时代》（1983）和《耻》（1999），2003 年获得诺贝尔文学奖。他也是文学评论家、翻译家和大学教授。

3. 他现在居住在地球上的另一个 SA——南澳（South Australia）的阿德莱德，仍旧笔耕不辍。

第一章 在传记和《夏日》中还原库切七幕人生❶

　　2009 年，J. M. 库切出版《夏日》，这是他创作的第三本自传体小说，与 1997 年出版的《男孩》和 2002 年出版的《青春》一起构成了完整的自传体小说三部曲。在《夏日》中，著名作家库切已去世，有一位年轻的传记作者文森特到世界各地探访库切昔日的亲人、朋友、同事和情人，来为这位已故作家写传记。在现实生活中，到本书截稿时止，关于库切的传记有三本，第一本书是笔者在 2011 年出版的《永远的流散者：库切评传》，第二本是 2012 年约翰·坎尼米耶出版的《J. M. 库切传》（*J. M. Coetzee：A Life in Writing*）❷，第三本是 2017 年大卫·阿特维尔出版的《用人生书写的 J. M. 库切：与时间面对面》（*J. M. Coetzee and the Life of Writing：Face to Face with Time*）❸。这些传记和库切的自传体小说一起虚虚实实地勾勒着作家库切的人生。

　　莎士比亚说过人生是一场戏剧，世界是一个大舞台。

---

❶　该文收录在 2017 年 11 月 1 日，《文艺报》。
❷　此书由笔者翻译为汉语在 2017 年出版。
❸　此书由董亮翻译，在 2017 年出版，笔者为此书做封面荐书。

舞台上有不同的角色，但是相同的是多数人要经历七幕人生——从婴儿到学童、少年、情窦初开时、中年、暮年，再到垂垂老矣，回到如婴儿般的阶段。库切的作品总会让人想起人生的不同阶段，比如他的《耶稣的童年》《耶稣的学生时代》《男孩》《青春》《夏日》和《慢人》等，单是名称就会让人联想到人生的不同场景。库切曾在《双重视角：散文与访谈集》中说过："从广义上讲，所有的写作都是一种自传：不论是文评还是小说，你写的每一样东西在被你书写的同时也在书写着你本人。"❶ 但是不能否认，与小说相比较，自传可以给作者更大的空间来装饰事实的真相。而第三方的传记可能会更大程度地还原事实，填补真空。

一、读儿童百科全书的少年库切

库切是一个特别注重自己私人空间的作家，他不喜欢谈论自己和自己的作品，也不愿意接受记者的采访。南非的某位记者在库切获得诺贝尔文学奖时，在报纸上写了一篇报道讲他的私事，而非他的文学成就，原因就是库切拒绝接受他的采访。库切也不喜欢参加颁奖活动，他两次获得布克奖（1983 年和 1999 年），都未亲自去伦敦领奖，❷为此，人们一度猜测他可能也会拒绝出席在斯德哥尔摩的诺贝尔文学奖颁奖典礼。好在最后，库切出席了此次颁

---

❶ J. M. Coetzee. *Doubling the Point*：*Essays and Interviews*. Ed. David Attwell［M］. Cambridge：Harvard UP，1992：17.

❷ 2009 年出版的《夏日》入围当年的布克奖短名单，库切也没有去伦敦出席颁奖晚会。

奖，并做了一个充满哲学内涵的受奖演讲——"他和他的人"。在读出他的讲稿之前，他想象着回到儿童时代，向他的妈妈汇报他获得了大奖。而他的妈妈会说，"那很好。但是现在，先趁热把胡萝卜吃掉。"库切也曾在另一次演讲中介绍过他在儿童时代读过的一套二手儿童百科全书，然后他困惑地在这套百科全书中看到《鲁滨孙漂流记》的作者不是鲁滨孙·克鲁索，而是丹尼尔·笛福。他看到小说的封面上明明写着是鲁滨孙自己的故事。

库切的诺贝尔颁奖典礼上的演讲也是以丹尼尔·笛福为主角，并大量借鉴了他写的作品，包括《瘟疫年纪事》（*Journal of the Plague Year*）和《环游英伦岛》（*Tour through the Whole Island of Great Britain*）。"库切与笛福""笛福与鲁滨孙""鲁滨孙与星期五"，听众在一组组的他与他的人中思考，而如何理解"他与他的人"，也是本书研究的重点。

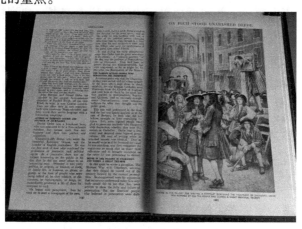

摄影：王敬慧，库切童年时代所读的百科全书。

　　媒体人所描画的库切与笔者所见到的库切是不一样的。库切对于真诚的库切研究者，会坦诚对待，并尽力提供支持。笔者因为翻译和研究他作品多年，一直与他保持密切联系。2007 年，笔者亲赴澳大利亚，与他讨论关于撰写有关他评传的体例并请他授权使用一些历史图片等。对此他都非常配合，特意从自己相册中的老照片中选了不同时期的个人及主要家庭成员的照片，扫描以后发送给笔者，并明确说明其中大部分从未向世人公开过。出于对库切的尊重，笔者在出版的传记中，一直避免触碰任何库切的隐私问题，撰写的首要原则是从他发表的文本出发。

二、从文本中探寻库切的成长

　　2013 年，库切来中国参加为期一周的中澳作家论坛。交流中，他向笔者提到在南非高校的同事坎尼米耶教授已经写完了一本 700 多页的关于他的传记。浙江文艺出版社决定买入版权，并和库切敲定由我来翻译该书。拿到样书后，我发现，该书的章节分布与我已经出版的评传是一致的，不同之处是，我的库切评传以文本为出发点，落点是库切文学思想的建构；而坎尼米耶的《J. M. 库切传》以访谈和信件为基础梳理库切的生平，事件更加翔实可靠。阅读该书，就像看一幅卷轴画，从打开部分看到的景致已经令人流连忘返，然后又有更多的风景与人物，让观画者不断点头称是。坎尼米耶的这本库切传记里也有一些读者和学者希望更多了解的内容，比如婚姻的破裂、儿子的英年早逝、对女儿婚姻的不满等，但有必要指出的是，作者介绍这些内容的目的并非暴露小道消息以求关注，而是希望通过背景的介绍，让读者了解库切文学作品创作的一些情感起源。

说到库切的七幕人生，也许有人会产生质疑，因为对于一位仍在世的作家而言，他人生的第七幕似乎还未落下。其实，这"第七幕"已经在他的小说《慢人》中有所体现。该小说的主人公是一位自行车骑行爱好者，因为车祸而被截肢，不得不依赖护工的照顾、应付不能自理的尴尬生活。换个角度看，库切的自传体小说《男孩》《青春》和《夏日》展现了亚里士多德式的人生的三阶段，只是需要把雅典换成南非——南非求学，离开南非以及回归南非创建文学成就。

《男孩》描述的是少年约翰在南非的学习和生活。八岁的约翰很不情愿地和母亲搬离他的出生地开普敦，搬到145千米以外的伍斯特镇，他非常怀念开普敦的富足生活。这个少年是一个不快乐的，也是少年老成、深思熟虑的孩子。在这个家庭中，因为他的父亲比母亲小八岁，对生活也没有很多的担当，所以母亲是这个家庭的主心骨，也是孩子最亲近的人。他和母亲的关系就构成了这部小说的一个很重要的组成部分。一方面，他被南非复杂的种族矛盾所影响；另一方面，他被母爱所困扰。他深爱自己的母亲，又希望有自我的存在，这就导致了他对母亲矛盾的态度。除了母亲以外，他最爱的地方是卡鲁的农场。在农场里，他享受着大自然的纯净生活，这大概也是为什么《迈克尔·K 的生活和时代》的主人公一门心思就是回到农场，而且他只有在农场的时候才能够找到自我存在的感觉。

《青春》讲的是二十几岁、从南非跑到伦敦做计算机初级程序员的青年约翰所感受的青春彷徨。按照人们通常的理解，一个南非的大学生，到了伦敦，靠着自己数学专业的本科文凭获得了计算机程序员的工作，可以朝九晚五地上班，领薪水，享受伦敦的文化生活，有女朋友陪伴，衣食无忧。但是年轻约翰再一次证明了他是亚里士多德思想的追随者——人生的幸福不是物质生活的享乐，也不是政治生活的荣耀，而是在于灵魂的思考。因为思辨的、静观的生活才是最高级、最幸福的生活。年轻的约翰所需要的是灵魂的满足而非物质的满足。在这里应该注意，此书出版于2002年，此时的作者本人已经两次获得布克奖，即将获得诺贝尔文学奖。功成名就的作者在回忆自己年轻时代默默无闻、精神彷徨的存在，他能从他者的角度重新审视和剖析青春时代的自我，这是需要勇气和反思精神的。

在《夏日》里，库切不是从老年的视角看年轻时代的自我，而是想从坟墓里回望人生。所以在书中，那个著名的作家库切已死，一位年轻的英国作家文森特为了给他写传记，像福尔摩斯一样探究着他不为人知的中年。小说中有一些是主人公库切自己的日记，还有5位受访者对他的回忆。通过这些内容，我们了解到青年约翰辞去了在英国的工作，到美国尝试寻找自己精神的家园，但是因为反战游行而被美国政府拒绝签发绿卡。他回到南非，经历找工作的煎熬，在没有获得大学教职之前，他在辅导机构做兼职教师。当时南非正处于后种族隔离时代，他目睹南非在各个方面的状态恶化。首先是社会秩序混乱不堪，白人与黑人的种族矛盾越发尖锐。作为南非白人的后裔，他陷入一种进退两难的境地：一方面是作为白人后裔，他要面对早期殖民者在这片土地上所犯下的罪行；另一方面，他也看到后种族隔离时代，获得了平等权利的黑人仍不能真正解决社会问题。其次，南非农村的美丽风光在恶化。原本和谐的生态环境，乡村的自然地貌都已经被破坏，开发经济对自然的征服，导致了土地的沙漠化，河流干旱和草场的退化。在尘土飞扬的糟糕环境中，那个小说中的约翰·库切在4位女士和1位男士的叙述中，并不是一个被人羡慕的成功人士的形象。这个孤独的主人公更容易让人们联想到库切本人曾经评价过的一本小说马塞卢斯·艾芒兹《死后的忏悔》中的主人公——威廉·泰米尔。作家库切用一种假设自己死亡的方式将自我从所有的束缚中解脱出来，他甚至以一种调侃的语调来重建中年时期那个不懂得爱情、不善于社交的自我形象，不过他也让小说中的朱莉娅评价说，约翰"一生都在努力做到温柔"。

三、外省人从有界到无界

库切通过《男孩》《青春》和《夏日》这三部自传体小说成功地将自己的生活经历与小说融为一体，其中有虚构的经历，也有真实的经历。通过这种虚实相间的方式，他重新建构了一个自我——一个他想让读者知道的自我。从三部小说的情节发生的地理位置上看，《男孩》中的主人公位于南非，《青春》中的主人公位于英国，而《夏日》

中的主人公最后的踪迹在澳大利亚。这种生活轨迹与库切本人的经历是基本一致的。但是，其中的细节，如果对照关于库切的传记，特别是坎尼米耶的《J. M. 库切传》，读者会发现，三部曲中的某些事件从时间上来推断，是不可能发生的。这也从一个侧面显示了自传体小说的优势，它让作者有机会轻松地把一些事实隐去，尤其那些让他心痛的事件，比如前妻菲丽帕死于乳腺癌、儿子尼古拉斯意外坠楼身亡、女儿吉塞拉患癫痫等。同时，他也可以重点突出一些虚构情节，进而充分表达自我真实的精神体验和创作意图。

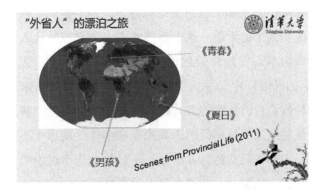

笔者讲座的 PPT 幻灯片，图片说明库切与其人物的漂泊之旅。

这三本书有相同的副标题——外省人生活场景（Scenes from Provincial Life）❶。这体现着库切的一种严重的"外省人"情节。关于外省人的概念，中国读者和欧美

---

❶ 《男孩》《青春》和《夏日》三本书合成一册的英文版在 2011 年出版（J. M. Coetzee. *Scenes From Provincial Life*：*Boyhood*，*Youth*，*Summertime* [M]．New York NY：Penguin，2011.）。

读者的理解可能是不同的，根源在于中西文化在"省制"的概念使用上有所不同。对中国而言，省是一个国家内部的行政区域划分，不同的省都属于一个国家，没有里外或高低之分，但是对欧洲国家而言，它起源于古罗马的行省制度，指的是古代罗马在意大利以外的征服地派遣总督治理的行政区域。对于这些行省而言，罗马，或者意大利代表征服者和霸主，行省属于被征服者。如果要更好地理解库切的"外省人"的感觉，可以联想一下巴黎人所说的外省人，最初指的是居住在巴黎市区之外的人。

在 19 世纪初期，"外省人"在欧洲是一个常用词汇。读者不仅可以在文学作品中看到，比如《巴黎圣母院》（1821）和《红与黑》（1830），也可以从书名中看得出来，比如巴尔扎克的小说：《外省生活场景》（*Scenes From Provincial Life*），福楼拜的《包法利夫人》副标题也是"外省风尚"（Madame Bovary Patterns of Provincial Life）。外省似乎与巴黎密不可分，也与欧洲的工业革命密切相关。从某种程度上讲，工业革命不仅是生产技术上的革命，也是社会关系的重大变革。巴黎的经济繁荣与城市化导致大量的外省人涌入巴黎，不同的价值观念和社会习俗在他们内心产生激烈的冲突。逐渐地，外省从一个表示地域的中性词变成了一个贬义词：处于中心外围的见识短浅者。连英国的乔治·艾略特的《米德尔马契》（*Middlemarch*，1872）的副标题也是"外省生活研究"。库切不惜冒着与前人重复的代价，仍然坚持在自己的小说体自传中使用这个标题。库切对"外省人"这一词汇的重复强调有其独特的原因。在库切看来，与占有文化主导地位的西欧以及北美大都市相比，南非是外省，南非的文学是外省文学，他以此来界定和标记自己的作品。但值得一提的是，作为敏锐的作家，他摆脱了外省人的自卑，正如《J. M. 库切传》中介绍的，库切认识到外省文学不一定就是渺小的。陀思妥耶夫斯基和托尔斯泰时代的俄罗斯文学就是外省的，但同样是重要的。外省主义还有许多其他可以发扬的地方。库切利用重复的方法来突出"外省人"的概念，同时也表达了"外省人"要发声的意愿。也正是如此，库切在后期的作品中已经逐渐超脱了国家与民族的界限，着眼于普遍的、人类的生存状态的本源思考。《耶稣的童年》与《耶稣的学生时代》就是非常有效的例证，它们启发读者思考人的出生与教育这两大基本问题。在目前全球化的时代，"外省人"的问题普遍存在：对于北京这样的大都市，无数的"外来人口"是"外省人"；对于美澳加等移民国家，无数的移民是"外省人"；对于当下的欧洲，众多的难民是"外省人"。"外省人"如何摆脱自卑与耻辱的烙印，他们需要自强自立，同时也需要大的"社群"的接纳。在对库切社群研究中，"外省人"情节是一个重要的需要被讨论的主题。

与读库切的小说不同，库切的传记则要展现库切的生平事实。前文提到的三本传记从不同的角度还原库切的人生。所以在读这些传记时，库切自传体小说中薄薄的面纱已经被撩开，读者可以从翔实的资料中看他如何一步步从南非小城的市郊走出，在双语小学求学、去英国寻根，到当时还敞开胸怀的美国寻找自由，游荡于欧美各文化同源国进行精神的追索，最后来到他大学时代导师的祖国澳大利亚，一个同南非一样处于南半球的国家。此时的库切已经不是那个南非乡间的少年，而已经成为一位世界知识分子，用他的文字探究人生的真谛。作为自己人生的导演，他已经在《夏日》中让自己的人生大幕落下，他也希望反观自我，从而认识自我和回归自我。

"死而后生"的每一天，都是借来的，他仍然做着自己喜欢的事情，每日伴着黎明笔耕不辍。一个例证，2019年，笔者在爱丁堡的苏格兰国家美术馆看到了一幅16世纪无名男子的画像，让笔者不禁猜测这位无名人士也许是库切的荷兰裔先祖。因为如果不是看上面写着1520—1525年左右的绘画时间介绍，笔者还以为这是库切的肖像画。所以就将其用手机照下来，用电子信函发给库切，他在回复中也表达了他的惊讶，而邮件回复时间是他所在地的早上5点钟。

这种工作状态，自从他于1970年开始文学创作以来一直如此。库切还有一个良好的写作习惯就是，在写作时，他会在笔记本上标上条目和日期，也包括后期对这些文稿的任何修订。目前库切的手稿和关于库切的研究资料大都收藏在他攻读博士学位所在的母校——得克萨斯大学奥斯汀分校的哈里·兰森中心。在这个中心，研究者可以找到库切关于贝克特作品研究的博士论文、小说草稿、在创作过程中保存的想法笔记本、研究材料的副本、剧本、翻译、评论、文学批评、照片和其他个人资料。库切档案目前是该中心访问最多的资源之一。

第二章　库切访华实录[1]与后续

一、库切在中国吃素食

2013年4月2日，第二届"中澳文学论坛"在北京开幕，库切是和布莱恩·卡斯特罗、大卫·沃克、尼古拉斯·周思、伊沃·印迪克、盖尔·琼斯、安东尼·乌尔曼6位澳大利亚作家一起对话中国作家与学者，包括莫言、刘震云、李洱、李尧、叶辛、徐小斌等。当然其中的重头戏是两位诺贝尔文学奖得主莫言与库切的演讲。他们演讲的共同主题是"诺贝尔文学奖及其意义"。

在库切来中国之前，笔者曾在Email中告诉过他，如果他在饭店吃不惯，可以请他吃素食，一是感谢他的文字曾经影响了笔者的饮食习惯，二是感谢他四年前，花时间从自己的老相册中找出家人的旧照以及重要事件的照片，扫描后发给笔者用到撰写中文版《永远的流散者：库切评传》中。

发出这一邀请之后，笔者一直在想是在饭店，还是在

---

[1]　此章节中的部分内容来自笔者本人在2013年库切访华期间发表的报纸文章。

家里宴请他？清华大学附近有一个素菜馆，笔者觉得可以是一个选择，饭后还可以顺便带他在校园里走一走，看看春天里的清华园。笔者原本想请他在清华大学里做一个讲座，让我们的学生，特别是英语专业的学生多些收获。但是他认为这次中国行是澳方安排，时间很紧，也不适合再安排其他活动。笔者很理解他，演讲这种事情是他一直要回避的，其实通过读他的书慢慢地揣摩，可能要比听他的讲座收获更多，所以也没有再坚持。但是清华园春天的美景，特别是主干道上的新绿，笔者还是希望他看一看。但是这家素食馆，笔者并没有去过，不知道那里的菜品类型。不论是在中国，还是在其他国家，素食馆基本有两种类型：一种是提供给那些想尝鲜、追求时尚的素食者的；另一种是为真正的素食者服务。前类菜品中会有各种各样的仿荤菜，诸如豆皮、海苔土豆泥做成的"鱼肉"，魔芋、大豆做成的"梅菜扣肉"，面筋做的"肉肠""辣子鸡"，还有各种调味品调出来的"黑椒牛排"与"葱爆羊肉"；后类菜品则是规规矩矩地按照食材的本质，尽量烹饪出它们的清香原味。笔者担心校园附近的那一家是前面一种类型。并不是说这一种类型不好，但是它的服务对象应该是那些吃腻了大鱼大肉，心里想吃素，身体却不听使唤的都市人。而库切不是这种类型，也许他会觉得这些菜名本身就显露着人类的虚伪。安全起见，笔者决定请他来家里吃饭。

等他到了中国后，我与他见面就敲定了周五来家中吃晚饭。我先告诉他要给他准备的菜品，并询问他是否有什么特别想品尝的中国菜，他说只要是有中国特色的，没有肉，没有鱼，没有奶制品就好。这种表述再次验证了一个道理，请人吃饭，不要问客人想吃什么，而要问客人不想吃什么。我希望库切能吃上合口味的素食。在他访华这段时间里，我曾经参加了澳方在 M 西餐厅以及北京大学在芍园餐厅举办的欢迎宴，席间看他遇到肉类都是轻轻地挑出，是绝对不碰的。我希望这次我和家人可以给他准备一顿可口的素餐，一是让他不用再礼貌地挑出肉类食物，二是也想让他体验一下中国的家常素食，这可以是一场有意义的民间饮食文化交流。

库切是一个坚定的动物权利保护主义者。当库切和我说不要有鱼时，我马上想到了他在《动物的生命》和《伊丽莎白·科斯特洛：八堂课》（简称《八堂课》）中通过伊丽莎白·科斯特洛所说的话："您问我为什么要拒绝吃鱼。让我感到震惊的是，您居然能把动物的尸体放进嘴里，您居然嚼着鱼肉片，喝着死鱼汤，而不觉得肮脏。"❶这句表述来自著名的哲学家普鲁塔克，他也是一位著名的素食者。

文字的力量是无穷大的。正是书中的这句话引发了笔者在世界观已经形成的中年阶段开始素食的想法。那时，笔者正在印第安纳大学访学，因为错过了最晚的一辆班车而无法回到住处，于是决定待在大学图书馆里夜读。凌晨两点，在寂静的图书馆里，我从《动物的生命》里读到了

---

❶ J. M. Coetzee. Elizabeth Costello [M]. London：Vintage, 2004：83.

上面这句话，思索着每一个字的含义，我第一次感觉到吃肉是一件如此恶心的事情。就在那个夜晚，我找到了关于普卢塔克的书，读到其中令人震撼的一段："你难道真可以追问什么是毕达戈拉斯戒绝肉食的原因吗？在我的立场上，我倒是想问，第一个人是在什么样的情况下，灵魂或者理智是处于什么样的状态下，用他的嘴触及血块并把嘴唇伸向一只死亡动物的肉。他在餐桌上摆放死亡的、变味的尸体，竟敢把不久前还咆哮、叫喊、走动和生活的部分叫作食物和营养。他的眼睛怎么能忍受屠杀，那时喉咙被切断了，兽皮被剥下了，肢体与肢体被撕开了。他的鼻子怎能受得了恶臭？这种玷污怎能不倒他的胃口？……仅仅为了一点点肉食，我们就从它们那里剥夺了与生俱来的太阳、光明、生命的延续。"❶ 这一晚的阅读经历导致了我在美国剩余的日子里没有再碰过任何带肉的菜。但是必须诚实地说，笔者的素食阶段是短暂的，因为我发现，当我自己一个人吃饭的时候，吃什么可以是自己决定的，但是当处于一个集体的时候，则需要考虑他人的感受和需求。

比如，当笔者访学结束，从美国回到中国家中，把自己吃素的想法和家人沟通，并分享德国著名哲学家康德曾说的一句话——"我们通过一个人对待动物来判断他的心地。"家里负责做饭的长辈则非常反对素食，首先，他们觉得有些菜不放肉，不知道该怎么做；其次，没有肉的菜

---

❶ Plutarch. *Moralia* ［M/OL］. London：Cerge bell and Sons，1998：
［2010－09－28］. https：//www. gutenberg. org/files/23639/23639－h/23639－h. htm.

实在不香，让人没有食欲；他们尤其指出家中正在长身体的孩子，吃素可能会有营养缺失的可能，尤其是钙质、铁质、维生素 D 和维生素 B12，所以孩子不适合素食。家人们讨论一致认为笔者拿动物的痛苦为理由来劝人吃素有一种高高在上的道德绑架的感觉，既影响了他们的身体健康，也影响了他们的心理健康。关于吃素还是不吃素的讨论，表决结果 4∶1，笔者属于少数派。尽管笔者认为多食豆类、谷类、海藻可以避免素食中的营养缺乏问题，但是笔者知道如果继续坚持己见，家中的吃饭格局就会是库切小说中伊丽莎白·科斯特洛遭遇的场景：伊丽莎白·科斯特洛的儿媳妇诺玛只是简单地准备了几个菜给这位从澳大利亚远道而来的婆婆，而且不会让孩子和他们一起吃饭。其中的原因是婆婆不喜欢在桌子上看到肉，而儿媳妇又不想因为要迎合婆婆的感觉而改变孩子们的饮食，不去吃肉。在笔者家，长辈的态度与小说中那个儿媳妇的态度一致；笔者先生的态度与伊丽莎白的儿子所持立场相似：表示理解，但是并不倡导。笔者反思自己想吃素的原因，一是为了家人的健康，二是出于对那些被屠杀动物的同情与尊重。如果笔者强迫家人吃素，倒是一种对家人的不尊重。所以，笔者决定放弃影响全家吃素的想法，当然家人也会照顾笔者的想法，他们每次做的菜品中都会有一个菜不放任何肉类。其实这种讨论应该也是吃素者和不吃素者之间常发生的一些辩论内容。就像《八堂课》中，儿子和提倡吃

素的母亲说："人类不'想'吃素。他们'喜欢'吃肉。"❶

因为读了库切的小说，笔者从伊丽莎白·科斯特洛儿媳妇的观点里看到了吃素者可能被误解的情况。伊丽莎白的儿媳诺玛坚决反对吃素的一个原因是她认为吃素者是在玩一种权力游戏。她非常不喜欢婆婆干涉和影响小孩子对食物的选择。她对丈夫埋怨婆婆伊丽莎白·科斯特洛背着她给孩子们讲小牛如何可怜的故事，讲坏人如何虐待它们。结果，看着饭桌上的鸡肉或鱼肉，孩子们会跳起来问是不是可怜的小牛身上的肉。她认为婆婆在使用这种方式削弱她对孩子们的影响，她认为婆婆是在左右他们的生活，所以她说："她所做的就是权力游戏。她心目中的大英雄弗朗茨·卡夫卡跟他的家人也玩过同样的游戏。他拒绝吃这个，拒绝吃那个；他说，他宁愿饿着。很快，大家都感到，在他面前吃饭，是一种罪过。而他却坐在那里，自我感觉良好。"诺玛的反应代表大多数肉食者对素食者的态度，觉得素食者高高在上，把私人的爱好变成了公众的禁忌，认为他们的存在给吃肉者带来一种压力和罪恶感。带着这样的情绪，诺玛在校方举办的宴会上向她的婆婆发起挑战。她本可以在家宴或其他私人场合向她的婆婆提出疑问，但是她选择在众人在场时向她发难，可见她对婆婆观点的强烈不满。她提出一个观点，认为素食是禁食的一种极端形式，其根本原因是某些人想通过此种方式将自我界定为精英分子。他们通过素食从人群中脱颖而出，

❶ J. M. Coetzee. *Elizabeth Costello* [M]. London：Vintage，2004：104.

成为上等人，获得特权，成为像婆罗门那样的特权阶层。

针对诺玛的观点，伊丽莎白·科斯特洛选择讲述了圣雄甘地的例子。当甘地到英国学习法律时，他发现素食让他陷入困境。英国是肉食为主的国家，甘地要花费很长时间，寻找合适的住处，寻找能够提供他所需要的那类食物的饭馆。在这样的情景之下，甘地发现他很难跟英国人交往，觉得自己处于边缘地带。伊丽莎白·科斯特洛用这个例证，有针对性地反驳了诺玛所谓素食者是为了成为社会精英的说法。她认为甘地之所以成为精英——圣雄，不是因为他素食，反倒是素食使他处于社会边缘之中。因为处于社会边缘，他才能够有所发现，并把他的发现融入他的政治哲学之中。总之，圣雄甘地的例子表明，素食本身并没有界定精英的作用，倒是处于边缘的经历为人们有新发现提供了可能。

回归库切在中国吃素食这个话题。目前世界上的素食者可以分为两大类：只是不吃肉的素食者，和不吃所有与动物有关食物的素食者。库切应该属于前者，他自己介绍说不吃奶制品的原因是他自身对其过敏。库切的吃素与中国佛家所讲的吃素又有所不同。佛教素食是戒五辛的，但当我问库切是否吃韭菜鸡蛋馅的饺子，他说完全可以。其实为库切准备的这顿素食相对是很轻松的，主要是豆腐，面筋与菇类食材。因为我刚从东北老家看望父母回来，带回来好多东北的干豆腐，木耳和酸菜，所以和家人很轻松地准备了如下几个菜：干豆腐卷鸡蛋酱黄瓜，烧茄子，酸菜粉丝，香煎豆腐，木耳菠菜炒蛋，土豆丝，青瓜海带丝，外加两样稻香村的素食锦，主食是玉米渣粥和水饺。酒水不用准备，因为库切喜欢喝的是白开水。饭后甜点是稻香村的点心——绿豆饼，麻酱酥和枣蓉荷花饼。这顿家宴并不是笔者一个人准备的，还有和我们一起居住生活的其他人，包括我先生的四哥。其中许多可口的菜品都是他来准备的。而几年之后，再次见到库切，他马上问笔者，"四哥还好吗？"这里面有库切对所有帮助过他的人发自内心的感激和关心。

二、库切的素食观

实际上库切吃素也表现着他善良的一面。读过他《男孩》一书的读者应该还记得少年约翰在农庄看到如何宰杀羊之后，他不喜欢去肉铺，也不喜欢吃肉了，因为他从羊的目光中看到了一种听天由命的缄默和无奈。库切的共情能力不仅体现在他对人物的理解，也体现在他能够与动物共情的能力。在他的文本中一直有对动物悲惨遭遇的关注和哀伤。比如在《铁器时代》里，他通过卡伦夫人来描述养鸡场里的杀鸡方式。一个工人如何抓起一只鸡，将其悬吊起来，被传送带送到屠宰棚屋，由另一个工人用刀去头开膛。而卡伦夫人惊诧于这种杀戮行为的残暴和轻松。在库切看来，这种行为和纳粹集中营发生的对犹太人的屠杀是一种类型。库切的这种行为并非辱没人类。他对各种生命都有深深的敬畏和珍视。库切只是哀叹人类不仅没有看清楚自己的处境，还自恃高级地拒绝感知动物的情感，不承认人类与动物有共通之处，将动物划分为低等级的物种，然后毫无负罪感和同情心地对动物豪取强夺，这和人类之间发生的事件性质相同。这也是为什么《八堂课》中，科斯特洛不顾及犹太裔同行教授的感受将人类对待动物的圈养虐杀与集中营中纳粹处置犹太人的方式相提并论。科斯特洛也会将自己和动物并置，比如，她觉得站在众人面前演讲的自己就像卡夫卡小说《给科学院的报告》中那只受过教育的猴子红彼得，作为一个替罪羊，向他人讲述自己经历和见证的伤害。

如果素食不是为了享受居高临下的快感，那么素食的目的是什么？库切的素食观可以由两个词来概括：一个是——尊重；另一个是——节制。

我们还可以请库切小说中的代言人——伊丽莎白·科斯特洛来表达其素食观点。在她看来，素食不是标新立异，有意抬高自己，也不是为了一些素食者所追求的长寿与健康，她素食是为了尊重生命，"拯救自己的灵魂"。她在回答肉食者的质疑时，不仅考虑到素食者，也考虑到肉食者。首先，人类本可以不以动物为食。人类吃肉与狮子吃肉是不同的。狮子吃肉是因为生物链的需求，不吃肉就不能生存。但是人不吃肉是可以生存的。可能有人会问，她不吃肉，但是为什么吃青菜和面包？难道青菜、面包的来源——植物就没有生命吗？她的回答是植物确实也是有生命的，但是一条鱼或者一头小奶牛的生命，比麦子、青菜的生命更需要尊重。从伊丽莎白·科斯特洛的表述可以看出，库切希望修正达尔文的弱肉强食的逻辑，不能说强大就可以欺凌弱小。其次，退一步讲，如果食肉是某些人的必须，那么至少人类应该善待那些为人类奉献了生命的动物。所以他也非常关注屠宰场里动物的福利问题。库切在作品中以冷静、客观、符合逻辑和极具说服力的态度表达了他的主张：人与动物是平等的，人类应该关注动物权益，不吃动物，并友善对待动物。顺便提一句，库切的动物权益保护观点与极端的动物权益保护组织没有任何的关系，这次来北京参加中澳作家学者论坛期间，他也穿过皮上衣。

对于库切来说，素食的本源是对弱者的尊重与同情。而尊重与同情是人类保持人性的关键。但是有些人并没有真正理解"尊重"的含义，自恃高级地拒绝与动物进行心灵、情感或仅仅是知觉上的沟通，不承认人类与动物有共同之处。库切在作品中批判了很多将动物放在低等地位的哲学家们，首当其冲的就是笛卡儿。

库切在《伊丽莎白·科斯特洛：八堂课》中曾仔细梳理了西方历代哲学家对动物的态度，认为他们之所以将人与动物分开就是认为人是有理性的，而动物没有。他反对人类这种自豪于自己的理性而不可一世的态度："就目前这种情况而言，我不敢肯定，我是否想承认，自己跟对手都有理性。我的对手来自一个悠久的哲学传统，我们可以将这种传统回溯到笛卡儿，再往前，中间经过阿奎那和奥古斯丁，一直追溯到斯多葛派和亚里士多德。当理性被用来巩固这一传统时，我就更加不敢肯定。如果说我跟他共同拥有的最后的立场是理性，如果说理性把我跟小菜牛分开；那么，谢谢你们，但也没什么可谢的；我宁愿谢别人。"库切的哲学思辨能力可以与他博士论文的研究对象贝克特媲美。记得他曾经这样评价贝克特："虽然把贝克特称为哲理作家，他大概不会接受，但确实是可以这样称呼他的，我们可以把他的著作当成是对笛卡儿以及笛卡儿开启的问题的哲学所做的一系列持久的、带怀疑的挖取。在怀疑笛卡儿的公理系统之余，贝克特调整自己，与尼采和海德格尔，以及年轻的同代人德里达站在一起。他对笛卡儿'我思'论点（我思故我在）进行的带讽刺的审问，在精神上是如此接近于德里达的方案——也即揭示西方思想背后形而上学的假设——使得我们必须指出，如果不说贝克特对德里达产生过直接影响，至少两人之间也有着惊人的感应。"笔者觉得库切与德里达之间也有着"惊人的感应"。

库切所说的德里达与贝克特之间的感应，可以参见德里达的文章"动物，故我在"。该文章成功地解构了笛卡儿的"我思故我在"（以"思"来区分人与动物的差异）。1997 年 7 月，在一次长达十个小时的演讲中，德里达讲了这样的一个经历：一天，他在浴室里，赤身裸体，忽然发现一只猫在他的正前方。面对猫的注视，他感到不安与羞耻。由此他提出了一系列问题，追问了整个哲学传统（包括亚里士多德，笛卡儿，康德，海德格尔，列维纳斯和拉康等哲学家）基于裸体、善恶、理性、语言、优先权等方面，在人与动物之间所做的区别。笔者记得库切曾在其文章里讲到一个关于加缪的故事。这个故事，完全可以被看作是在为德里达的这一观点做了一个有趣的注释："由于动物不会说话，脑子又笨，它们无法为自己争辩，我们应该考虑一下由此引发的一系列情况。当加缪在阿尔及利亚，还是个小男孩的时候，他祖母吩咐他，到他们家的后院去，从笼子里抓出一只母鸡来。他把一只母鸡抓给祖母，然后看着祖母用菜刀砍掉了鸡头，把鸡血放在碗里，这样地板就不会被弄脏。那只母鸡在死前大声呼叫，叫声深深地留在了男孩的记忆里，挥之不去；因此，在1958年，加缪写了一篇充满激情的檄文，抨击砍头这种极刑。结果，在法国，这种备受争议的刑罚在一定程度上被取消了。那么，谁能说，那只母鸡不曾说话呢？"库切也是现代畜牧业宰杀方式的批判者。

伊丽莎白·科斯特洛曾经将屠宰场里被虐杀的动物与纳粹集中营中被迫害的犹太人相比，这种类比引起一些学者的反感。反感者觉得动物怎么可以与人相提并论！他们的出发点与库切的出发点是不同的，因为前者认为动物是低级的，人类是高级的；后者则是将人与动物放在同样的位置来看。库切做这样的类比并不因为他对人类不敬，而是因为在他看来，上千座集中营就在德国人身边，当数百万犹太人被屠杀之时，大多数德国人熟视无睹，就如同我们人类对屠夫屠杀动物时所表现出的熟视无睹。当人类能够任意屠杀动物以后，他们也学会了屠杀人类的本领。所以德国的失败，不是他们的战争的失败，而是人性的失败。现在的人类要想避免人性的失败，应该从学习尊重动物开始，因为对动物的尊重与对人的尊重是相通的。米兰·昆德拉在《生命中不能承受之轻》中说："对于人性，道德上的真正考验，根本性的考验，在于如何对待那些需要他怜悯的动物。"

三、为动物福利抗争与发声

库切是一个坚定的动物权利保护主义者。他不仅是在1999 年出版的《动物的生命》中与学者对话，发表自己对动物生命权利的思考，他也会大力推荐其他致力于动物和环境保护的作家作品。比如，他曾经为生物学家乔纳森·巴尔科姆（Jonathan Balcombe）的作品《第二本性——动物的内在生命》（*Second Nature——the Inner Lives of Animals*）写了一个很长的序言，启发人们思考是否只有人类具有理性。他希望读者通过阅读这位由科学家所写的作品理解鱼的神经系统、鸟的大脑皮层，明白和理解鱼会痛、鹦鹉会思考。这些判断已经不再是一个感性的描述，而是经过专业学者给出的科学的答案。他也敦促读者反思自从亚里士多德时代以来，人类一直认定的区分人类与动物的标准——即是否拥有智慧。他质疑到底什么样的测试才是标准的衡量智慧的测试呢？有些动物，比如，大雁可以远距离地从几千公里之外找到回家的路，但是人类能够做到吗？那么如果用"能否远距离找回家"这个标准来衡量，人类的智慧高于大雁吗？

处于保护动物的目的，2008 年，应爱尔兰小说家约翰·班维尔（John Banville）的请求库切写信给《爱尔兰时报》，反对都柏林三一学院将动物活体解剖用于科学研究。他写道："我支持约翰·班维尔表达的观点。没有充分的理由——事实上，不论是科学上还是教学上，从来没有任何充分的理由——需要学生必须切割活体动物。三一学院继续这样做是耻辱的。"❶

　　库切也曾评价一本有关素食的书《斋戒/饕餮》（*Fasting, Feasting*）。该书在 1999 年布克奖评选中和库切的《耻》一同入围短名单作品。最后是库切的《耻》胜出，之后，库切在《纽约书评》（*The New York Review of Books*）上为《斋戒/饕餮》写了一篇书评❷。他提醒人们注意，对于小说中主人公的父亲，以及巴顿先生而言，吃肉不仅仅是为了维持身体的健康——它是一种身份的象征、一种文化标志、一种男子气概的象征。两人都无法相信男子阿伦是一个素食主义者，他们会批评他，或在吃饭的时候选择忽视他。对他们来说，一个男人不吃肉似乎是对他们个人的侮辱，因为对他们来说，吃肉不仅仅是吃动物身上可食用的肉。在这里，吃肉不是为了生命，而是为了面子和身份。这本书的英文书名曾让笔者想起英文中的一句谚语：Feast today makes fasting tomorrow。这句话的含义就是汉语中所说的：今日大吃大喝，明日肚皮挨饿。目前人类的文明潜伏两大危机，一是人类与人类之间的危机：经济发展的不均衡，以及信仰的差异，导致一些国家为了各自的利益而争斗。他们不尊重对方，也不尊重个体的生命，不惜发动

　　❶　John Banville. "Vivisection at Trinity". *The Irish Times*［N］. 9 October 2008.

　　❷　https：//www. nybooks. com/articles/2000/05/25/messages － silence/［2015－10－10］.

战争、毁灭世界；二是人类与其他动植物之间的危机：人类为了最大化地获得资源，毫无节制地排放废水废气、增加二氧化碳含量、大量砍伐森林、毫无节制地破坏生态环境。鸡可以是肉食鸡，三十几天成长期，长着三条腿、四个翅膀；西瓜可以打上膨大剂，硕大无比；苹果上面洒上敌敌畏，不让虫子吃，最后人也吃不成了。人类要避免危机与毁灭，需要尊重与节制，不加节制的权力与自以为将不可避免地导致大灾难，没有节制的饮食会制造出一个个肥硕的饕餮者。其实就素食而言，食肉，还是不食肉，这并不是一个问题！真正的问题是我们人类是否能在关爱动物的过程中学会善待人类，在素食的过程中体会尊重与节制。库切一直用它的文字来抗争人类对人类的暴政，也抗争人类对非人类的暴政，他通过素食这种形式来表达对恃强凌弱的反抗，同时他也要通过素食来提醒自视为强者的人类应该时刻记得节制。

库切小说中的人物曾说："在生命的边境地带——这是我想象中的情景——所有那些幼小的灵魂，猫的灵魂、老鼠的灵魂、鸟的灵魂、未出生的孩子的灵魂，挤成了一堆，恳求进入世间，想要被赋予形体。我想让它们进来，让它们都进来，即使只能出现一两天，即使它们只能对我们这美丽的世界匆匆瞥上一眼。说到底，我是什么人，难道能够抹杀他们被赋予形体的机会？"❶ 库切也是带着这种

❶ J. M. 库切. 他和他的人［M］. 文敏，译. 北京：人民文学出版社，2017：63.

对生命的悲悯，用文字描绘生命。

四、细心周到的客人

库切是很周到的人。不会汉语的他为来我家做客特意去找花店买了礼物：一盆雅致的蝴蝶兰。这是很典型的西式拜访朋友的方式。通常的选择可能是一瓶红酒，但是他滴酒不沾，那么，花就是最好的选择了，蝴蝶兰的花色与样式也很能代表他的品位。将那盆蝴蝶兰放到我们家的客厅里，很配沙发和茶几的颜色，库切自己也觉得很满意。因为知道库切的音乐品位很高，我将先生的一些珍藏版古典音乐的 CD 介绍给他，请他选自己想听的音乐，他选的是莫扎特的 20 和 21 号钢琴协奏曲。很巧的是我们听音乐用的是天朗（Tannoy）音箱，说起里面的关键部件，能产生完美音质的超磁通磁铁产地就是南非——库切的故乡，他感慨这种磁铁越来越稀少，因为这种铁矿几乎被挖没了，那美妙的音乐就不能如此再现了。看来，库切也是非常讲究音乐品质的人。

库切也是一个充满好奇心的人。他提了很多关于中国文化的问题，表示很想听我讲父辈在"文革"期间的经历，当我和他说起我们家的长寿基因，以及自己 107 岁的姥姥，他也很想知道她的历史。关于他自己的健身秘诀，他提到骑自行车。他每周的周末都会有一次 4～5 个小时的长途自行车骑行。除此之外，每周他还有 1～2 次短途的骑行训练。对他来说，如果哪一周不能骑自行车，他会觉得非常不舒服。当时他的年龄已经 73 岁，对骑自行车还如此痴迷，很让人佩服。我告诉他，他的中国书迷这次在北京看到他本人后都觉得他很酷、很青春。除了谈论养生健身，我们也谈论了如何成为作家的问题。他认为作家首先是需要天赋的，其次还需要经历。而现在很多年轻人，二十几岁，希望通过学习创意写作就能成为一名作家，有些急于求成，其实他们还需要历练。

作为教育者的库切很感兴趣文字以及语言教育。我们谈起语言问题，他很感兴趣汉语中字与音的关系问题，比如当我们汉语中说人称代词"ta"，可以是"他""她"或"它"，那么就是说汉字的音不能表示出性别差异的；但是我通过写字板告诉他，如果写出来，汉字是可以通过偏旁部首来区分性别的。我们同时也探讨留学生英语的使用问题。我和他说起自己带的一些非英语国家国际学生，因为英语语言问题，英文毕业论文不能达到要求很头痛的问题。库切说在澳洲也有同样的问题。他觉得在澳洲的中国学生不应该总是和自己国家的人待在一起，应该多与澳洲本国学生或其他说英语的人沟通，因为这是提高英语的必要方式。另外，因为大学要走国际化的路线，澳洲和中国的大学都招入越来越多的国际学生，一方面老师发现难以在单位时间内让学生达到学业要求的水平；另一方面大学管理方希望老师能让这些学生顺利毕业，以保证未来的招生。这样的现状让大学老师处于一种两难的状态。在那个时候，我们都是现代化的国际高等教育发展中的困惑者。

我们也聊起他在南非一所大学讲座中谈到的论男教师在教育中的作用问题。他认为曾经人文领域的主力是男性，但是如今，教育机构，特别是小学正逐渐成为女性的天下，这对儿童的全面发展是不利的。他认为应该有更多的男教师投入儿童教育领域，而且这项事业对男教师本身也是有回报的，因为他们可以面对天真无邪的儿童，感受生活的真正价值。但是我告诉他在中国，越来越多的小学因为生源问题被合并，所以在中国，不要说男教师进入初级教育领域没有前景，连女教师都要想一想，在未来的几十年里，她们会不会失业。但是我也告诉他，中国大多数人都乐观地相信，在不久的将来，会有更多的儿童需要教育，中国的未来会需要更多的男性教师。

五、关切作品中文版

库切非常关切自己作品在中国被接受的情况。2013年访问中国期间，他特意看了浙江文艺出版社曹洁副主编拿给他的一套库切文集系列。他本人是摄影爱好者，对颜色很敏感。看着摆在他面前的一本本中文版，他很开心，对于封面设计的简洁和色系搭配表示很欣赏。2021年，我曾经和他交流《耶稣之死》的翻译和出版情况，告诉他很多学者、作家在讨论这本书。他表示很高兴，因为他一直担心会有读者以为这是一本关于基督历史的小说而不去读它。

关于库切对图书在中国出版的情况关注，另一个例子出现在2017年在意大利召开的"库切作品中的女性人物"会议上。笔者当时参加了学术会议的研讨。这次会议上还有一个世界各地的译者关于库切作品翻译的研讨，因为组织者只知道笔者是库切作品的研究者，并不知道笔者也是库切作品的翻译者，所以并没有邀请笔者发言。但是库切记得笔者曾经和他交流过的关于作品《福》的翻译过程，所以他建议邀请笔者谈一下自己的翻译经历。于是笔者就做了如下的发言。

相对而言，库切的作品翻译是比较容易的，因为他在小说中的用词总是简洁明了，但这并不意味着翻译没有难度。我想向各位展示的特殊挑战甚至可以被称为翻译的创伤，当然这种创伤既有积极的，也有消极的作用。

在《福》（*Foe*）这部小说的翻译中，书名本身就是双关语。一方面，*Foe*，作为一个专有名词，与鲁滨孙漂流记的作者丹尼尔·笛福（Daniel Defoe）有关。历史记载，这位作家的原名是 Daniel Foe，可能出生在伦敦圣吉尔斯教堂（St. Giles Cripplegate）教区的前街（Fore Street）。他后来在自己的名字中加上了听起来贵族的"De"，声称自己是 De Beau Faux 家族的后裔。所以，从这个角度来看，库切利用"*Foe*"来解构"笛福"，从而以一种新的、更忠实的方式宣告了他探索过去的意图，这一策略呼应了他为女性角色苏珊发声的策略，因为她才是鲁滨孙漂流记故事的"真实"讲故事者。另一方面，"敌人"作为一个通用名词，描绘了多种二元对立的关系：作家和读者、主人和仆人、男性和女性，甚至包括真实和虚构。在英语中，一个单词"foe"可以包含所有上面提到的这些两方面的含义。但是，在中文中，"*Foe*"的两组含义是用两个完全不同的词来表达的。一个是 *Foe*，去掉'Defoe'的

'De'后留下的字——'福';另一个 foe，意思是"敌人"。所以要把标题翻译成中文，我作为译者不得不选择一个或另一个，这是一个二选一的抉择。

我不得不承认这涉及一种创伤。选择一种意义意味着另一种意义永远失去了。将其效果与斯泰伦的《苏菲的选择》中苏菲遭受的创伤相比，当时她被迫选择两个孩子中的哪一个不被送进集中营的毒气室，要么是她的儿子，要么是她的女儿。

面对这样的创伤，我想到了借鉴中国文化的一个特定方面，在这个标题的翻译中加入更多的东西——一种内在的元素来丰富书名，以弥补其某种本义的永久丧失。

首先，该书被翻译为"福"，原来这个字除了作为人名的意思外，还有"幸运"的意思。在中国传统中，每逢过年，我们都会在门外贴一张福字，倒贴的"福"字象征"吉祥如意"的到来，因为"倒"在汉语中谐音"到来"的"到"。在澳大利亚进行学术访问时，我曾与 J. M. 库切本人讨论我的想法，他也认为这是一个好主意。所以我向《福》这本书的中国出版商建议，如果用这种方式印刷中文书名，它将在其特殊的方式上与原书名的多义性相提并论。

这本书的中国出版商喜欢我的这个倒贴福字做封面的想法，但认为它不可行，因为它显然违反了中国图书出版管理规定中关于书名的规定，使这本书难以编目，甚至不可能编目。她的回答是完全可以理解的：她的工作不仅是确保翻译与原始版本相符，而且还要确保其可以出版。所

第二章　库切访华实录与后续

以我建议他们可以考虑用书封面上的"福"这个汉字倒置作为封面的背景。她说他们会考虑这个想法，但实际上最终版的《福》并没有"倒贴福字"，因为这本书属于一个标准封面的系列（见笔者提供的图书封面系列）。不管怎样，这个翻译过程中我所经历的创伤，我已经和各位分享——我想这种经历，世界各地的翻译人员都会熟悉。

翻译是一场会失败的游戏：译者开始翻译的那一刻，就开始失去意义，就像我对 *Foe* 这部小说书名所做的翻译那样。但也许就在双重意义必须变成单一意义的那一刻，文本意义的某些新方面被揭示出来。

笔者与库切，摄于 2013 年库切访问北京期间，摄影：曹洁。

我的实际翻译经历也许与其他国家译者遇到的具体翻译困难不一样，但是我讲述的译者的翻译原则与其他译者的是相同的。也就是说，译者在不能保留原文的每一项内容与含义的时候，会不断尝试以某种方式弥补失去的东西，以不同的形式在其他的地方来暗示，以求弥补翻译中所面临的不可避免的意义丧失。❶ 关于库切这本《福》的书名展现形式，我还曾向出版社建议用中国的一种剪纸作品——红色的 365 个福字，我在和库切讨论这本汉译本的书名翻译时，也送给他一副 365 个福字的剪纸。库切本人对此深表理解，所以他对笔者提出的弥补方案也表示出接受的态度。

实际上，作为译者，他熟悉并能接受译者在理解文本基础之上的创意性翻译。比如在《异乡人的国度》中，他写过一篇关于荷兰小说家、旅行家齐斯·努特布姆的文章，其中他谈到该书名《在荷兰的大山里》的翻译。其实，该书的荷兰语原文是《在荷兰》，译者之所以在译文中加入大山，是因为根据故事情节，这个地方被分裂为南、北两半的国家，南方来的移民聚居在北方城市周边搭建的临时棚户区里。北方人瞧不起南方人，认为他们肮脏、狡猾，因此，把他们当作廉价的劳动力；南方人则称北方人为"严厉冷酷的人"。主人公提布隆内心觉得自己是个南方人，不喜欢北方人，"因为北方人自尊自大、贪得无厌，又虚伪得总想设法加以掩饰"。一提到北方，提布隆心里就感到怕，"德文中大写的怕"❷。而南方多山，

---

❶ 关于这次研讨会上其他译者的发言，参见此文章链接：https://journals. flinders. edu. au/index. php/wic/article/view/29/34.

❷ 库切. 异乡人的国度［M］. 汪洪章，译. 杭州：浙江文艺出版社，2010：71.

所以译者在英译本书名中加入了山的意象，库切认为这是在对原文准确把握基础上的创意性添加。

对于库切小说——*Disgrace* 的翻译，中国大陆译本为《耻》，这确实是该词汇的含义之一，但是与 *Foe* 的书名翻译类似，当一个含义被选择为书名，就意味着其他可能的含义被排除。库切研究专家德里克也认为该词与"耻辱"有关："disgrace 一词的对立词是'荣誉'（honor），因为《牛津英语字典》关于 disgrace 一词的解释总会和 dishonor 相联系。换句话说，公众目睹的耻辱与公众的尊敬相对、也只能由公众的尊敬来抵消；通过荣誉挽回耻辱。"❶ 从小说的基本情节来考虑，这种理解是可以接受的，但是 disgrace 一词其他层面的含义也是值得考量的，而且至少有三种可能。

首先，对小说中主人公卢里的女儿露西来说，Disgrace 可以表示一个名叫 Grace 的女孩的不在场，因为在卢里前妻的记忆里露西前同性恋女友的名字是 Grace。这样来梳理，这部小说的名字可以翻译为《格蕾丝不在场》。

其次，还有一种可能，即台湾版本的书名翻译《屈辱》。该译法从主人公卢里的角度考量，对他和女儿在南非的生存状态进行总结。这父女二人在南非的境遇可以用屈辱来描述。卢里是文学教授，却要在功利化的大学里教授交流技巧类的课程。他对女性，不论是妓女还是女学

❶ Derek Attridge. *J. M. Coetzee and the Ethics of Reading：Literature in the Event* [M]. Chicago：University of Chicago Press，2005：178.

生，都希望表达自己的真诚，但是并不被人理解。他与女学生关系的问题，卢里在登门拜访女学生梅兰妮的家长时说的话显示了他所处的状态：

> "我不信上帝，所以我得把您的上帝及上帝的语言转化为我的说法。用我自己的话说，我在为发生在您女儿和我本人之间的事情受到惩罚。我陷入一种 disgrace 的状态不能自拔。这不是一种我要拒绝接受的惩罚，我对其没有任何怨言。而且，恰恰相反的是：我一直以来日复一日就是这样生活着，接受生活中的 disgrace 状态。您认为，对于上帝来说，我这样永无止境地生活在 disgrace 之中，惩罚是否已经足够了？"❶

卢里的女儿露西被黑人强暴，成为种族仇恨的牺牲品。在后种族隔离时代的南非，白人成为被欺凌的对象。白人曾经用来侵犯黑人的手段被重新夺权的黑人再一次使用。当卢里教授看着女儿被三名暴徒侵犯、财产被洗劫一空，本人也几乎被烧死时，他发现自己无能为力，警察也帮不了他们。此时的状态用"屈辱"二字形容主人公是完全合乎作品主题的。

再次，该书也可以翻译为《仁慈的缺失》。在南非这块土地上，尽管黑人与白人相处日久，但是祖先的错误，使他们之间只有对彼此的仇恨而毫无仁慈与爱意。作为一

---

❶ J. M. Coetzee. *Disgrace* [M]. London：Secker & Warburg, 1999：172.

位语言专家，库切很善于使用词汇来表达抽象的含义。disgrace 从构词法上看由两部分组成——dis 和 grace。dis 表示"没有"，而 grace 除了表示"优雅"以外，还有一个文化渊源深远的含义——"仁慈"，比如人们用英语表述仁慈的行为，那个词组是 an act of grace。所以，笔者认为从寓言角度来读这部小说，《耻》（*Disgrace*）是在描述一个通往仁慈（grace）的道路。小说在世俗道德上的无力，恰恰是为了建构起一个更为有力的世界——这个世界里有仁慈与爱心，有存在的喜悦和悲哀，也有更高的平等和超然。

最后，还有一种可能，翻译为《混沌》。库切在《双重视角：散文与访谈集》里曾经这样定义 grace：Grace 是一种情境，在这种情境之下，真理可以被清楚且不盲目地讲出来❶。那么从这个角度，Disgrace 就是一种没有真理的混沌状态。《耻》中的主人公卢里本人就认为自己生活在这样的状态之中。

在库切文论集——*Stranger Shores* 的翻译中，Stranger 表示陌生人，异乡人；shore 可以指海滨，海岸；也可以指国家，尤指濒海国家；所以，大陆汉译本中选择了通常含义中的后者将其翻译为《异乡人的国度》❷，这是一个很优美且深邃的翻译。但是，从构词法上分析，stranger 除了表

---

❶ J. M. Coetzee, David Attwell. *Doubling the Point：Essays and Interviews* [M]. Cambridge M A：Harvard UP, 1992：392.

❷ 库切. 异乡人的国度 [M]. 汪洪章，译. 杭州：浙江文艺出版社，2010.

示陌生人、外乡人，还有一个可能，它可以是形容词strange 的比较级；Shore 可以从海岸引申为大海的边缘处，对于内陆人而言很遥远的地方，那么此书名可以翻译成《蓬莱之处》。这种可能性也可以通过文集中各篇文论的内容加以佐证。仔细阅读该文集中所收集的库切从 1986—1999 年所写的文学评论文章，会发现这些文章的作者除了部分英美经典作家，如艾略特、笛福等，更多的是来自欧洲、中东与非洲国家，比如荷兰、俄罗斯、德国、以色列、南非等国。库切可以通过这些来自遥远异域的作家与作品来理解自己的生活与时代❶。不论在哪个国家居住，库切总是觉得自己是一个局外人或外省人，与周围的世界没有任何亲密感。他的研究也多注重那些对于中心区域而言属于外围的作家。在研究里尔克的文评中，库切开篇提到一家英国著名的读书俱乐部列出的 20 世纪最受欢迎的五首诗，其中有里尔克的《杜伊诺哀歌》。与其相比较的其他四首诗的作者是叶芝、艾略特、奥登和普拉斯。库切要研究为什么这位对英国一向无好感的来自异乡的德国人能被英文读者接受，他敏锐地指出，该诗所具有的异域的思辨方式，比如德国的形而上学的哲学思辨，使这种来自遥远且陌生区域的文字，对英文读者有迷人的吸引力。

关于库切的另一本文论集——*Doubling the Point*：*Essays and Interviews*，书名也值得探讨。该文集出版于 1992

---

❶ 关于库切小说 Life and Times of Michael K 的翻译也有类似的问题。其中"life"一词的含义既可以说"生活"也可以说"生命"这两个意思，所以中文译者只能在两种翻译中取舍。

年，是一本形式颇具新意的文论集。文论集收录了库切从1970—1989 年的文学评论文章和大卫·阿特维尔对他的采访文章。该书出版于文集《白人写作：南非文字文化》之后。当时，哈佛大学出版社邀请他出版一本与南非无关的语言学研究的论文集。库切已经不再打算专门从事语言学研究，所以他并不想出版这样的一本文集。于是，他想出了一个办法，就是从他的文评中选出八个主题的论文，请大卫·阿特维尔阅读，并提出一些问题，这样就出现了一系列关于他学术文章的进一步的对话，并出版成书。这八个主题分别是：贝克特，互惠诗学，大众文化，句法，卡夫卡，自传与告白，淫秽与文字审查制度，南非作家。该书目前在中国大陆还没有正式中文版出现，在有的学术论文中它被翻译为《双角》，但是笔者认为翻译为《双重视角：散文与访谈集》更能表现出库切对该书设计的初衷。库切强调对话的重要性，而这本文论集的优势在于它通过对话，让库切再次思考与反视自己的观点，这是一种学术研究的较理想状态。

第三章　摄影爱好者库切

2018 年 11 月 9 日，西开普大学的副教授赫尔曼·维滕贝格（Hermann Wittenberg）在阿德莱德大学举办一场独特的摄影展，展示库切年轻时的摄影图片，看他捕捉的"真实显现的时刻"。这些图片不仅展示了库切在 20 世纪 50 年代中期在开普敦的少年时光，也展现了摄影对他文学创作的深刻影响。展览中库切还亲临现场朗读他的文本段落。笔者原本计划去参加这一活动，但是因为要准备接受一项去伦敦工作两年的任务，可以有机会实地探访库切《青春》中所描述的生活场景，所以放弃了这个去南澳看展的机会。

一、60 年后的回望

库切在 2002 年从南非移民澳大利亚，但是他一直保留着开普敦的公寓。大约过了 12 年，他决定卖掉这处住所，因此需要处理掉房屋内大量的私人物品。当时，他没有回到南非，而是请伴侣多萝西·德赖弗（Dorothy Driver）回到开普敦帮助整理他的物品。她在收拾物品中发现了一个照片洗印放大机和一些暗房用具。他就问与库切合作过的学者赫尔曼·维滕贝格，是否感兴趣。得到肯定的答复后，她将放大机和一个老式硬壳手提箱送了过去。手提箱里不仅装着整套的暗房照片冲洗用具（显影罐、托盘、滤镜、量杯、相框、各种化学药品和相纸），还有一些照片和几卷冲洗过的胶卷。胶卷是 20 世纪 50 年代中期生产的，当时，处于少年时期的库切有一个重要业余爱好，就是摄影。他最先通过邮购的方式买了一个小相机。之后又花约 40 英镑买了一款贵翔照相机，并把自己所有的零花钱用于购买暗房器材和摄影材料。关于为什么选择这个爱好，库切自己的回答是"在 20 世纪 50 年代，'认真'对待摄影会显得很有文化。这也是男性化的活动，与那些偏女性的活动，如作诗、弹钢琴不同。"❶ 库切非常认同法国摄影家卡蒂埃－布列松的观点，认为照相机能捕捉到转瞬即逝的"真实显现的瞬间，一半是发现，一半是创建"。❷

赫尔曼·维滕贝格将这些已经受损的胶卷底片送到专业摄影实验室进行了数码扫描，通过数码影像看到了一个已经过去 60 多年前的库切眼中的世界。通过这些照片，人们可以近距离地观看《男孩》的各种场景，因为这些照片记录了库切一家刚从伍斯特（Worcester）搬回开普敦，以及库切在隆德伯西的圣约瑟夫圣母中学（St Joseph's Marist College）上学的经历。或者从另一个角度说，我们可以比较库切在 50 多岁时回忆自己童年写出的文学作品和他 15 岁用相机记录的真实生活场景，看图片记录和回

---

❶ J. M. Coetzee. *Photographs from Boyhood* ［M］. Pretoria：Protea Boekhuis, 2020：172.

❷ 同上：28.

忆记录之间的差异。其实笔者还有一个好奇心，就是希望知道库切在78岁的时候看自己60年前的照片，感想如何。

二、图文并茂的童年

带着这样的好奇心，等到2020年2月，这本摄影文图集英文版面市。我第一时间买来一睹为快。此书不仅有库切青少年时期所照的照片（包括他家的房子、家庭成员、学校上课的场景，以及各种实验性的照片），还有他与编者赫尔曼·威滕伯格关于这些照片的对谈，讲述了他对摄影以及青少年时代的一些记忆。看完后，我还兴奋地做了一个PPT，从书中选了19幅图片，逐一匹配库切小说《男孩》中的19个章节，给此文档名称为Photoword Childhood。

特别巧的是，2022年，幼时文化出版社找到我，希望我能帮助译审这本书的文稿和写推荐语，我欣然同意。研究库切文本多年，受益良多，能助力他的文字被更多的中国读者读到，这是我的责任所在，也是一种对作家本人表达感激的方式。

库切说他担心人们是否会愿意看他16岁时拍摄的不那么专业的摄影图片，我感觉他多虑了。读过他撰写的《男孩》《青春》和《夏日》自传体小说三部曲的读者，如果想更深刻地感受那些文字，都会对这些照片感兴趣，因为它们图文互补。将这三本小说归类为"自传"并不是图书销售的噱头，因为它们确实讲述了真实的故事。同时，这些图片也真实地再现了一个诺贝尔文学奖得主从哪里来，包括他的家人、朋友以及那个让他五味杂陈的

第三章　摄影爱好者库切

故乡——南非。书页中被定格的文字和图片在回望之中会有更多的内容和意义。

三、照片与历史

不论是书中这些照片，还是库切的小说《男孩》都在解释为什么青年库切希望离开南非。那里有种族隔离，有挥之不去的白人内疚感，也有普通老百姓无法解决的历史遗留问题。在库切的照片里，看到罗德斯纪念堂前腾飞骏马雕像的那张让我特别感慨。

这座纪念堂所纪念的人是塞西尔·罗德斯，也就是设立罗德奖学金的那位富豪。他用在南非攫取的财富创立这项奖学金，每年资助大约 100 名学生前往牛津大学学习。而 2020 年，我阅读这本图文集的时候，有一些相关新闻令人深思。当时，在英国牛津大学有学生抗议，认为罗德斯是白人至上主义者，所以牛津大学奥里尔学院的那座象征英国殖民主义和种族主义观念的罗德斯雕像应该被去掉；在南非罗德斯纪念堂的罗德斯雕像的头部更是被砍了下来。也幸亏库切照片里的是纪念堂前的那匹骏马，而非罗德斯本人的头像，否则在那个时段也可能面临被泼墨或拽倒的危险。在当时，不仅仅是罗德斯的头像要被拽倒，连伦敦议会广场上的丘吉尔纪念雕像都被示威者写上"（丘吉尔）是种族主义者"的字样。为了保护这一文物，伦敦市政府不得不用挡板将十几米高的丘吉尔雕像围挡起来。看着那些新闻和图片，我想起库切在此书中对自己昔日照片所表达的感慨："我将永远无从得知他们当时的想法。"

对历史人物的判断，也包括对一个文本中人物角色的判断，都应该考虑其历史背景，包括事件发生的时间、地点、条件特点以及其他大环境因素等。任何人物的思想和活动都受众多条件的制约，只有了解清楚人物背后的社会历史条件，才能了解人物活动的实质。同样，评价库切小说中的一个人物，也不应停留在个人动机上面，而是要深入观察其所代表的群体，或者社群，以及其与当时社群的关系。换言之，分析库切的《男孩》《青春》和《夏日》，读者可以侧重思考小说人物个体对本国、本民族历史发展进步起到的作用，以及该主人公所展现出的他与世界其他国家和地区人民交流的行为范例。但是分析耶稣三部曲的创作，则可以侧重于作者对人类社会和世界历史发展进步的思考。库切的文学创作关注点，从个体的问题转向人类共性的问题，视野逐渐扩展，已经成功地从对个人生命意义的思考到对人类整体作为社群的发展方向的描述。

四、经典图书的作用

读书是促进儿童心智成长的重要途径，家长是最好的引导。这本库切图文集中吸引我用了很长时间关注和辨别的一张照片是库切 16 岁时的书架。那个书架上很多本书都是企鹅出版社和人人文库的经典文本，现在仍旧耐读。如果将那些书分类，主要有三类，第一类是作为数学系专业学生需要阅读的一些书籍：欧几里得的《几何原本》和E. T. 贝尔的《数学精英》；第二类是哲学书籍：托马斯·霍布斯的《利维坦》，斯宾诺莎的《知性改进论》，让·雅克·卢梭的《社会契约论与其他》，马尔萨斯的《人口原理》，约翰·洛克的《人类理解论》，圣奥古斯丁的《上帝之城》，柏拉图的《会饮篇》，伯特兰·罗素的《神秘主义与逻辑》，马可·奥勒留的《沉思录》，让·雅克·卢梭的《爱弥儿》，伊曼努尔·康德的《纯粹理性批判》，亨利·纽曼的《为自己一生辩护》，笛卡尔的《方法论》，帕斯卡的《思想录》，卡尔·马克思的《资本论》，让·雅克·卢梭的《忏悔录》；第三类是文学经典：陀思妥耶夫斯基的《罪与罚》；伏尔泰的《老实人》《路易十四时代》，T. S. 艾略特的文集和诗集，奥斯卡·王尔德的文集《王尔德戏剧诗文集》，托尔斯泰的《战争与和平》，济慈、丁尼生和华兹华斯的诗集。

作为小说家的库切对诗歌是非常喜欢的。在英国阅读诗歌作品时，库切曾抱怨英国期刊杂志上的诗歌很无味，抱怨说"难道他们没有从庞德和艾略特那里学到些什么吗？更不要说从波德莱尔和兰波、希腊讽刺短诗作者或中国人那儿学到什么吗？"[1] 此表述说明他也深知文学创作应该是具有文化外诉求的，正如比较文学学科所关注的各种文学以及理论之间的相互影响与借鉴。作为本科专业曾经专修数学的理科专业的学生，他本人的文学品位也深受自己数学背景的影响，比如他就非常欣赏休·肯纳对庞德诗歌所做的关于诗歌与数学关系的评价：

"诗是一种带有灵感的数学，它会给我们方程式，但

---

[1] J. M. Coetzee. *Youth* [M]. London：Vintage，2003：24.

不是抽象的数字、三角形、球体什么的，而是人类情感的方程。如果一个人的头脑倾向于魔法，而不是科学，那他会喜欢讲这些方程式的咒语，它们听起来更玄奥、更神秘、更高深。"❶

针对库切16岁图书馆的这张照片，我曾经和我的孩子开玩笑说，"仔细看看这张照片，它说明成为一位诺贝尔文学奖得主之前，广博的经典文本阅读是多么的必要。"这其实是库切上大学前、中学时代的书架。他小学时代也应该有一个书架，按照库切在《男孩》和多次演讲中提到的，书架上应该有一套他母亲从图书馆买来的二手阿瑟·米百科全书。那套书是他的知识启蒙老师。记得我们见面聊天时，我告诉库切我也给自己的孩子买了一套阿瑟·米的百科全书，里面的内容和排版确实很有趣，我的孩子很喜欢读。

我还把百科全书里面关于非洲昔日富饶物种的图片拿出来和我的学生分享，提醒他们注意，地图上河流和山脉构成的图景很像是在展现一个因为被欺凌而哭泣的非洲少女头像。他特别感兴趣想知道我读的版本，还好奇地想知道学生看过我所介绍的那张老版地图后的反应。关于百科全书的版本和非洲地图，我把手机里保存的照片分享给他看，我能看出他的兴奋：一本在70多年前影响过他的一套书，因为他的推荐，可以接着影响更多的孩子。关于我

---

❶ Hugh Kenner. *The Poetry of Ezra Pound*［M］. London：Faber and Faber，1951：61.

第三章　摄影爱好者库切

所教学生对那张古老的非洲地图的反应，我没有问过我的学生，但是我想每个观看那幅地图的同学都会有自己不同的感想，就如同读者你看这本图文集的时候，也会有各自不同的判断。

库切不仅是一位异乡客，他也是一位天生的艺术家。他一直认真追随着自己的兴趣所在，不论这个兴趣是摄影还是写作。从这部摄影集中，读者可以看到 16 岁少年镜头中和文字里的那个世界，看这个少年如何严肃地对待自己的爱好，通过各种尝试努力去完善自己的摄影技巧。现在我们都知道这位 16 岁的少年在 60 岁时获得了诺贝尔文学奖，但他的成长过程中，有酸甜苦辣，也有对待兴趣和理想的严谨态度和认真的准备。看着他少年时代对摄影的投入，读着他孜孜不倦创作出的小说，想起曾经翻译过的他那修订到第 16 稿的小说手稿，笔者从库切的艺术创作经历中再次感悟：自律才会有自由，种下的种子需要耐心地浇水施肥。他的成功之路看似静待花开，其实里面有他多年坚持不懈的耕耘。

当库切说他喜欢照相是因为他着迷于抓住真实（truth）显现的时刻，那个时刻既是摄影者的发现，也是摄影者的创建。读书亦是如此，这本书中的照片和文字可看可读，也有待读者用自己的想象力来发现和创建那些"真实显现的时刻"。

第四章　作为文学批评家的世界主义者库切[1]

　　纪德在《陀思妥耶夫斯基》传记中指出，陀思妥耶夫斯基虽然不是伦理学家，也不是政治理论家，甚至不是好的批评家，但他是伟大的小说家和思想家。[2] 这一评价同样适用于陀思妥耶夫斯基的后继者——库切。尽管作为大学教师的库切在学术领域很活跃：他曾经是国际比较文学学会（International Comparative Literature Association）和美国现代语言学会（Modern Language Association of America）的会员，也出版了多本文学文论集，但是这些论文受瞩目的程度与其文学创作的重要性相比较，就显得逊色许多。他自己在书中曾写到"我在大学当文学教授的岁月里，指导年轻人阅读对我的意义比对这些学生的意义更重要。我高兴地告诉自己，从心里面，我更是一位作家，而不是一位教师。而确实我是因为作为一个小说家而不是教师，得

---

① 该篇章收录在2015年《文学理论前沿》，还有同期三篇报纸文章会放在这个章节。

② André Gide. *Dostoevsky*［M］. Virginia：Greenwood Press，1979.

049

第四章　作为文学批评家的世界主义者库切

到一些荣誉。"❶ 他所得到的荣誉确实可以佐证他的文学成就：除了在 2003 年获得诺贝尔文学奖以外，他也是文学史上第一位两次获得布克奖的作家❷，而他的作品之所以耐人寻味，就在于其中所蕴含的思想——尝试超越常规的以人类自我为中心的理性主义思考范式去进行思考，也体现了后殖民主义的理论追求——让人的思维去殖民化。另外，他那些并没有像小说一样有广泛读者的文学评论所蕴含的思想与他小说作品创作的背景理念始终是一脉相承的。

本章将库切的文学创作与文本批评成果放置在一起，作为一个元叙事，通过实例分析，来展现库切的后殖民主义思想体系的成因、内质与特色。后殖民主义作为后现代主义的一个分支，确切地说，是一种存在状态，通过与各种不同的学说、主义发生一系列错综复杂的关系，形成一个富有创造力的理论空间。库切的后殖民主义思想是外省人对外界批判与反思的结果。库切自认为是"外省人"，这一点可参见他的三部小说体自传，1997 出版的《男孩》，2002 年出版的《青春》和 2009 年出版的《夏日》。2011年这三本书被整理到一起出版，副标题仍然是——外省生活场景（Scenes From Provincial Life）。库切对"外省人"

---

❶ J. M. Coetzee. *Diary of A Bad Year*［M］. Melbourne, Australia：The Text Publishing Company，2007：153.

❷ 该书让库切第二次获得了布克奖。目前只有两位作家有此殊荣，另一位也是澳大利亚作家彼得·凯利（Peter Carey），他的获奖作品是 1988 年的《奥斯卡与露辛达》（*Oscar and Lucinda*）和 2001 年的《凯利帮正史》（*True History of the Kelly Gang*）。

这一词汇的重复强调有其独特的原因。这三本小说体自传从标题到内容都展现了一个来自外省的男孩如何成为一个世界主义者的过程。本书也按这种思路，将其思想的形成经历分为三个过程：早熟期，迷茫期与超验期。关于第三个过程更加超验的表达体现在他的耶稣三部曲中，即《耶稣的童年》《耶稣的学生时代》和《耶稣之死》。本书也将分三个章节详细阐释。

一、经历身心困惑的早熟男孩——社群的错位体验

库切在《异乡人的国度》中说："当写作自传涉及自我的童年时，人生中所遇到的第一次道德危机会赫然显现，历历在目。当一个孩子平生第一次要在正确的行动和错误的行动中做出选择时，往往会生发出这样的危机。当自传作者在回忆这一危机时，往往也会意识到这种危机对自己的成长所产生的影响。"[1] 《男孩》中的约翰[2]已经开始经历社会文化身份认同的困惑与危机。在该书中读者看到的是一个本来属于该玩耍年龄的少年，却表现得很老成。他是一个爱读书、喜欢沉思、生活在南非荷兰语文化氛围中却又迷恋于欧洲传统文化的英国化少年。在这里，我们只能称他为英国化少年，而非英国少年。《男孩》中首先展现了库切对自己的英国人身份的困惑与思考。他和

---

[1] J. M. Coetzee. Strange Shores Essays 1986—1999 [M]. London: Vintage, 2002: 251.

[2] 库切的全名是约翰·麦克斯韦尔·库切。

他的弟弟可以说流利的英语，但是严格地说他们并不是英国人。首先，从他父母的祖籍看，他们是欧洲后裔，但并不是英国后裔。他们的姓氏"库切"本身代表着他属于荷兰后裔。他说英语是因为她母亲的坚持，他父亲英语并不流利，他甚至认为他的父亲还不如说南非荷兰语。库切知道他并不是真正的英国人，因为他的父亲属于布尔人后裔。但是他不想成为布尔人，除了他对自己父亲心理上的反感原因以外，他也不喜欢其他布尔人的习性。他不能想象自己成为一个南非布尔少年："想到要成为一个南非布尔少年：剃着光头，不穿鞋，他就觉得恐惧。那种感觉就像被打入监狱，一种毫无隐私的生活。"❶ 在文本细读中，笔者发现从《男孩》里寻找不到快乐的少年库切，他像卡夫卡中的人物一样，有一种异化感："他开始觉得，自己是个住在地下洞穴里的蜘蛛，洞穴上头有个暗门。蜘蛛总是要跑回自己的洞中，关上身后的暗门，把整个世界隔在门外，躲藏起来。"❷

库切在思想上的早熟与恋母情结密切相关。《男孩》中的约翰没有对社会的总体认识，他所关注的首先是自我，或者说首先要解决自己的心理问题。他就像劳伦斯笔下《儿子与情人》中儿子保罗一样，在与母爱进行拉锯战。他希望摆脱母爱的束缚："他知道母亲是爱他的，但问题就在这儿——她给他的那种爱，实在不对头，却总是

---

❶ J. M. Coetzee. *Boyhood*: *A Memoir* [M]. London: Vintage, 1997: 126.

❷ Ibid.: 28.

逼上来。她一切的爱都包含着十足的戒意，好像随时准备扑过来、保护他，把他从危难中拯救出来。如果他尚有选择的余地（当然他永远也别想有），那也许就会转身投入她的呵护，自己的生命由她摆布算了。可他知道自己没有退路，他很清楚母亲对他的监护之严，所以他要尽全力抵御她，永远也不会松懈自己的防卫，永远也别给她机会。"❶从心理学的角度分析，这样的心态是恋母情结的一种表现，因为只有一个人陷入情结之中，才会有如此强的反抗心理。恋母情结的另一个表现是主人公对自己父母的不同态度。他认为父亲是一个不负责任的人，是让家庭陷入经济困顿的责任者，而母亲才是一家之主，辛苦持家。从这个角度，读者更容易理解为什么库切能够描写出迈克尔·K这样一个令人费解的人物——为什么他能不顾实际地尝试突破重重险阻送母亲回乡村；为什么在母亲死后，他仍然死死守护母亲的骨灰，任何情况下都不离身。迈克尔·K与《男孩》中的少年一样都有强烈的恋母情结。《男孩》中的少年因为对祖辈留下的农庄充满了爱意而产生了一种负疚感。其中的原因是那个农庄并没有给她的母亲以欢迎。她母亲怀念的是她自己曾经生活过的农庄，但是那个农庄已经被卖掉了，她永远也回不去了。于是在《迈克尔·K的生活和时代》中，主人公要历尽千辛万苦送他的母亲回故乡。所以童年的库切首要任务是摆脱母爱的窒息。这并不说明库切的成长过程是病态的，在孩童的

---

❶　J. M. Coetzee. *Boyhood*: *A Memoir* [M]. London: Vintage, 1977: 48.

第四章　作为文学批评家的世界主义者库切

053

成长过程中，特别是男孩的成长，都需要一个摆脱母爱、寻找心理独立的过程。弗洛伊德把男孩进入恋母情结的阶段称为"神经症阶段"，而且他认为所有的男孩子都"无一例外"地要经过这一阶段。所有的孩子都需要经历摆脱神经症阶段的痛苦，才可能进入下一个阶段。

一个孩子摆脱这种神经症的方式是扩大自己的兴趣爱好。库切在学校里是一个优秀的学生，但让他真正学到东西的地方是书籍。他广泛阅读各种能够找到的读物，特别感兴趣欧洲经典作品。1956 年，他在中学校刊上刊登的诗歌——"人之初"，在开普敦诗歌比赛中获奖，这也是库切所获众多文学创作奖项中的第一个。该诗歌的副标题是"根据希腊和罗马神话所涉及的起源"❶，单单从名称上就可以感受到欧洲文学经典在作者身上所打下的烙印。可以说这首诗让库切在不知不觉中展现了西方文化和文学传统对他的影响。库切也开始培养其他的兴趣。他的同学尼克·斯泰撒基斯多年后回忆，他们是如何疯狂地阅读和沉浸在古典音乐之中。斯泰撒基斯在 2008 年 10 月 27 日的一封信中写道："由约翰带头，还有一个希腊男孩叫托尼以及我跟着，我们深入地阅读 19 世纪到 20 世纪初的欧洲文学，尤其是俄罗斯文学。约翰和托尼还特别喜欢英国和现代希腊诗歌。我们着迷于古典音乐，比如贝多芬和巴赫。约翰通过自学在钢琴上演奏巴赫。我在这方面是落后的，但还

---

❶ J. C. Kannemeyer. *J. M. Coetzee*, *A Life in Writing* [M]. London：Scribe Publications，2012：73.

是被这种对古典音乐的热爱感染了。"❶

　　库切在《何为经典》的演讲中也说到过一段与此相关的经历，少年时代是如何听到巴赫的音乐。库切在当时并不了解古典音乐：十五岁的他对所谓"古典音乐"多少持有怀疑甚至敌视的态度，所以乍听时，只知是"古典音乐"，具体名字当时并不知道。而古典音乐在当时的殖民地是一种"娘娘腔"的东西。但是它带给库切启发性的经验。库切指出"年轻的殖民地民众每每努力将他们所继承来的欧洲文化，运用于其日常经验的世界中，在他们的心目中，这种感觉尤为普遍。对这些青年人来说，大都会的高雅文化也许能以强有力的体验形式出现；然而，这些强有力的体验，不会以任何显而易见的方式植根于自己的生活中，因此似乎只能存在于某种超验的领域。在极端的情况下，这些青年人会受人影响，责备自身所处的环境缺乏艺术性，并因此投身艺术世界。这是外省人的一种命运。"❷

二、苦苦思索的迷茫青年——社群的分解

　　对库切而言，从少年步入青年的过程中，他要摆脱的是两样束缚：一个是种族隔离的南非；另一个是母亲的宠爱。在《男孩》的续篇《青春》中，主人公在南非读大学打工求学期间，已经准备好了要逃离出去。南非对于《青春》的主人公来讲，是一个"南非白人想强迫他参加国防

❶　J. C. Kannemeyer. *J. M. Coetzee*, *A Life in Writing* [M]. London：Scribe Publications，2012：73.

❷　Ibid.：7.

第四章　作为文学批评家的世界主义者库切

军；黑人想把他赶入大海"❶ 的地方。"他知道，他的母亲对他长期以来的冷淡反应很沮丧。她一直想尽力爱护他，而他一直就是抵制。"❷ 在这样的双重影响下，他离开南非，坐船到了英国伦敦。这里他有了独处的空间，也有了经济上的独立：他在 IBM 找到了一份稳定的 IT 工作。但是思想上的独立还需要时间、经历，特别是自身的努力。笔者在 2003 年与库切探讨一位作家取得成功的必要条件时，他曾强调年轻人不应该期盼自己马上就会成为一位好作家，因为他还需要经历磨炼。那么他在成为一名作家之前所经历的磨炼有哪些呢？首先是经历孤独！库切在文论中，对孤独的作用是充分肯定的。他在评论里尔克的文章中认为，里尔克是为自己的艺术，断绝一切社会来往，甚至断绝与情人的来往，这样才能让自己心灵得到净化，才能以全新的眼光来看世界。

当年轻的库切从南非殖民地到了英国时，他的身份已发生变化：在南非他被看作是白人殖民者中的一员，在英国他是一个外来移民。在伦敦，主人公还是一个内向的青年，很少与任何人亲近。在此期间的库切还没有真正投入后殖民主义的反霸权思潮之中。作为一个外来者，他对当时英国正在发生的政治运动是冷漠的。《青春》中的库切对诸如艺术、诗歌、评论、电影、音乐、女人、种族、社会等各种主题均有自己的独立思考，但他有一种本能的对

---

❶ J. M. Coetzee. *Youth* [M]. London：Vintage, 2003：85.

❷ Ibid.：18.

政治的漠然：当他去参加 CND❶ 集会时，尽管他支持
CND，但是看到示威者挥舞拳头，呼喊口号，他觉得自己
是一个旁观者，感到他们的行动"让他反感。在他看来，
只有爱与艺术值得一个人不遗余力地为之奋斗"❷。

　　库切对英国政治的不关心可能的一个原因是他是一个
外省人。实际上他对南非正在发生的政治事件是非常关注
的。按照《青春》中的记述，在写给他母亲的信中，库切
对南非发生的动乱、警察针对黑人的暴力和政治犯所谓的
自杀表示了极为愤慨的态度。

> 　　俄国人不应在联合国发表一个又一个的演讲，而
> 应该立刻入侵南非，他们应该派伞兵降落在比勒陀利
> 亚，俘虏维沃尔德和他那帮人，让他们排成排站在墙
> 边都枪毙了。……南非是他无法摆脱的沉重负担。他
> 想除掉它，他不在乎用什么样的方法，只有除掉了以
> 后他才能够开始呼吸。❸

　　他痛恨南非当时的政体，但是对祖国南非本身，他满
怀眷恋。不论是在英国伦敦的博物馆，还是在美国得克萨
斯大学宽广的图书馆里，尽管他有机会读各种各样的书，
但还是会不由自主地去找一些关于南非历史的书籍来看。
他的第一部小说《幽暗之地》有一半就是关于他对自己祖

---

❶　全称为：Campaign for Nuclear Disarmament，裁核运动组织。

❷　J. M. Coetzee. *Youth* [M]. London：Vintage, 2003：85.

❸　J. C. Kannemeyer. *J. M. Coetzee, A Life in Writing* [M]. London：Scribe Publications, 2012：116.

057

第四章　作为文学批评家的世界主义者库切

先在南非创业史的回顾。他也深爱南非的自然风光，比如在《铁器时代》中伊丽莎白·柯伦凝视着迪亚斯海滩（南非的一处风景区）和远处的山巅，深情地说："我想将这些海洋、这些山脉烙在我的视线里，以后不论走到哪里它们总会出现在我的面前。我爱极了这个世界。"❶

　　尽管惜字如金，但是库切在描述大自然以及人对大自然的依赖时从不吝啬，因为他知道人只有在大自然中才能找到自我。库切笔下另一个孤独的人物是迈克尔·K。他的孤独感比《青春》中的主人公更强烈，因为他与他所处的时代和历史是完全隔绝的。但是对于 K 而言，孤独是他所向往的状态。

　　　　他倒是感到自己一个人待着的时候最称心自在。他干过的两份工作都给了他孤独的空间。即使他在公共厕所的时候，那里明亮辉煌的日光灯也使他感到压抑，那日光灯把白瓷砖照得雪亮，形成了一个没有阴影的空间。他更喜欢的是那些美丽的园林，那里有高耸的松柏和开满白子莲的朦胧小径。❷

　　当迈克尔·K 回到了大自然中，比如农庄，他马上变成了另一个人，一个积极乐观的人。

　　　　他最大的快乐就是在日落的时候，打开水坝壁上

---

　　❶ J. M. Coetzee. *Age of Iron* ［M］. Harmondsworth, Eng.：Penguin, 1990：16.

　　❷ J. M. Coetzee. *Life and Times of Michael K* ［M］. Harmondsworth, Eng.：Penguin, 1985：5.

的开关，看着那清清的水流，汩汩地沿着水渠流淌，滋润着那干旱的土地，把它从黄褐色变成深棕色。他想到，这是因为我是一个园丁，因为这是我的天性。他在一块石头上磨快了铁锹的锹头，这样用它铲土的时候，那种瞬间感觉就更妙了。那种栽种东西的冲动已经在他的心中重新苏醒；现在，从这几周的时间来看，他发现自己的这种苏醒的生活是和他开垦出来的这块土地，以及种在上面的那些种子紧紧结合在一起的。❶

迈克尔·K 是大自然的孩子，他是一个心理上还没有习惯于被殖民的个体。独处与孤独是不同的。严格地说，让库切历练为伟大作家和思想家的一个因素并不是孤独的心态，而是孤独的体验，是不与他人联系以避免可能的不愉快的、带来威胁的、挑拨性的或者难于处理的体验。所以应该用另一词：独处。独处是出于恢复和补充自己的精神和感情的想法，以便能够更高效地与人、与周围的世界相处。因此，花费在孤独上的时间，增强了导向愤恨、自怜、防御和怀疑的趋势，而花费在独处上的时间，增强了自我意识、同情、同感以及承受脆弱等承受能力。

库切在英国与美国相对独处的十年里没有进行任何的文学创作，但这一段时间的学习为他后来所形成的后殖民主义思想打下了坚实的基础。他在大英博物馆和得克萨斯大学的研究，以及后来在布法罗大学的教学经历都为他的

---

❶ J. M. Coetzee. *Life and Times of Michael K* [M]. Harmondsworth, Eng.: Penguin, 1985：83.

第四章　作为文学批评家的世界主义者库切

059

写作提供了基础。库切曾经写过一篇名为"致敬"的文章来向那些影响过他写作的作家表示敬意。这篇文章是他1991 年在美国加利福尼亚大学伯克利分校的演讲稿。该文章开篇第一句是："这篇文章是关于一些作家的，没有这些作家，我不会成为现在这样的人；从某种意义上说，没有这些作家，我可能根本就没有存在过。"在该篇文章中，他讲述了自己在英国如何广泛地阅读，以及在诗歌、散文和小说方面他所读过的作家的作品。诗歌方面，他买来企鹅公司出版的《现代德语诗歌》和《现代法国诗歌》，还有由贝克特翻译成英语的《墨西哥诗歌集》。德语诗歌中，他广泛阅读了格奥尔格·特拉克尔（Georg Trakl）、贝托尔特·布莱希特（Bertolt Brecht）、英格博格·巴赫曼（Inge-borg Bachmann）、汉斯·马格努斯·安森斯伯格（Hans Magnus Enzensberger）、莱内·马利亚·里尔克（Rainer Maria Rilke）的诗歌；而其中他最欣赏的是里尔克，因为他的诗歌对于库切来说，意味着"专注与内省"[1]，帮助他的思想得到进一步的超越。关于英语诗歌，他推崇的是艾略特和庞德。在这篇演讲稿中，他认为是艾略特为他确立了选择什么样的学术指引者。然后，他发现庞德的风格比艾略特更新颖、更具有颠覆性，也更令人激动和敬畏，于是他认真阅读庞德的《诗章》（Cantos），他认为庞德是"写作的老师"，是美国一代诗人学习的榜样。

---

[1] J. M. Coetzee. Homage, *The Threepenny Review* [J]. No. 53（Spring, 1993）: 5.

尽管库切是创作小说的作家，但是他自己也说，业余时间大量阅读的是诗歌。从库切的学习阅读笔记来判断，库切的文风来自两位作家的影响，一位是庞德，另一位是艾略特。在他的笔记本中可以看到艾略特所写的一篇关于约翰·德莱顿的论文内容摘抄："德莱顿的独特之处在于他有能力使小变大，由平淡无奇到富有诗意，让琐碎变得气势磅礴。……德莱顿有智慧，也有一颗平常的心。我们认为，他的能力不是比弥尔顿更大，而是比他更宽广。……斯威本也是一个用词高手，但斯威本的用词言之无物。他之所以言之无物，是因为他言之过多。而德莱顿的用词则很精确，那些词汇涵盖无限，但绝不空洞无物。"❶ 在艾略特看来，德莱顿的用词精准，能将事物具体化，而不是像其他的诗人爱用花哨词汇，但言之无物。比起艾略特，他更欣赏庞德，他曾经希望在自己的硕士论文写作中，研究庞德，最后因为庞德推崇 F. M. 福特（Ford Madox Ford），一位被忽略的作家，所以他才转而关注和研究福特。熟悉库切作品的人会发现，库切后来的创作文风恰恰具有这些特点。

　　在"致敬"一文中，库切也提到福特和贝克特。因为庞德的推崇，库切阅读福特，但库切对福特的评价随着自身创作手法与思想的丰富而发生改变，他从欣赏到逐渐感到福特的作品实际很经不起推敲，认为福特的创作流于印象心理学派或感觉，充斥着某种冷酷的挽歌语调。此时的

❶　J. C. Kannemeyer. *J. M. Coetzee*, *A Life in Writing* [M]. London：Scribe Publications，2012：97.

库切已经走出了对文学作品满怀情感的接受，而开始比较和分析不同的作家与作品。与福特相比较，库切认为他对贝克特的兴趣更强，甚至选择贝克特作为自己博士论文研究对象。库切对贝克特的研究不仅出于学术目的，他自称是贝克特的"迷恋者"（aficionado），他忘我地将时间花在贝克特研究上。他认为从贝克特的散文中所学到的内容要比从诗歌里学到的内容具有更高层次的抽象度。贝克特让他知道应该侧重的不仅仅是语言的节奏和句法，还应该是思想的节奏和句法。作为教师，库切也将自己从贝克特那里学到的东西传递给他的学生。1970 年春季，在布法罗大学讲完贝克特的课程之后，他请上课的学生对课程发表意见。其中一个学生写道：

> 我相信贝克特的课程是我在布法罗大学英文系里上过的最有趣的课程之一。我认为，文学应该被作为一种艺术形式进行研究，我们就是这样做的，没有说教，或形而上的规矩。在这门研讨课上，我头一次明白艺术家、艺术和读者之间的关系，也学到了一种研究文学的新视角，并把这种所得放到其他阅读之中。我认为这门课程的高质量不仅来自教授这门课的老师，还有课堂讨论，……当然最重要的是源自作家贝克特本人。❶

库切对贝克特的研究着实引导他走向了超越文字、追

---

❶ J. C. Kannemeyer. *J. M. Coetzee*, *A Life in Writing* [M]. London：Scribe Publications，2012：178.

求思想的节奏与句法的道路。库切的文评像是一件艺术品，可以让读者读起来就像是在倾听巴赫的赋格曲，或者像是在欣赏爱德华·蒙克的《生命之舞》。库切可以用简洁的语言，毫无赘述、清晰明了地勾勒出某位作家及其作品的整体风貌。作为一个文学评论家，库切具有很强的完美主义倾向。他喜欢做别人没有做过的研究，比如他对贝克特的研究不是从他为人所熟知的剧本开始，而是从贝克特不被人重视的一部小说入手。同样，他对许多其他作家的研究也是针对一些少为人知的作品，但是这并不是说他没有研读该作家的其他作品，恰恰相反的是他文评中对作品历史、文化和政治背景的描述如此驾轻就熟，说明他已经通读了所有与之讨论作家有关的资料。他也是一个视野宽广、阅读宽泛的文学评论家，他所评论的作品涵盖不同的风格和主题，有欧洲经典作家的、有美国当代作家的、也有少部分非洲作家的；不论诗歌、小说、戏剧、电影、还是历史幻想小说，他都有所涉猎。仅拿他文评中的一本——《内心活动》为例，该书中前七篇文论涉及七位作家——伊塔洛·斯维沃、罗伯特·瓦尔泽、罗伯特·穆齐尔、瓦尔特·本雅明、布鲁诺·舒尔茨、约瑟夫·罗特和山多尔·马劳伊，他们来自不同的国家和地区❶，用不同的语言进行创作。但是这些作家又有一个共性，他们都处于19世纪末20世纪初的欧洲剧变状态中，经受旧世界消逝、

---

❶ 他们所来自的国家有：意大利、瑞士、奥地利、德国、波兰、奥匈帝国边境小镇加利西亚（今波兰东部）和匈牙利。

新世界正在形成的过程中所带来的种种冲击，是那个时代复杂矛盾的承载体。库切以作家的眼光和气度从更深层次来分析这些作家在近半个世纪里的文学化表述，他所剖析的不仅仅是这些作家，也包括他自己。

三、超越国别、性别及生死的思想者——社群的爆燃

库切是一位流散作家，分析库切的流散过程，可以用三种不同状态来归纳：先是竭尽全力向中心处的靠拢（特别包括在英国与美国的十年）；然后是流散在各种状态中、陷入自我身份的认同困境与思考中（游历在南非和其他欧美各国之间的三十年）。最后是完全接受了流散所带来的"无家可归性"（homelessness），形成了世界公民意识（定居澳大利亚的十年）。

库切在英美的十年（1962—1971）是欧美后殖民文化思潮形成阶段。1964 年，理查德·霍加特（Richard Hoggart）在英国伯明翰大学（Birmingham University）创立了当代文化研究中心（The Centre for Contemporary Cultural Studies，CCCS）。该研究中心宣称其成立宗旨是研究文化形式、文化实践和文化机构及其与社会和社会变迁的关系。当代文化研究中心的人员不是很多，但其影响却是世界性的。学派所坚持的平民主义倾向使得他们把研究对象从高雅文化及传统的文学经典中解放出来，注重对通俗文化、大众传媒的研究，大众文化现象可以成为学术研究的对象。文化研究在英国逐步兴起后，渐渐扩展到美国及其他国家，结

果成为目前国际学术界最富有活力和创造性的学术思潮之一，这其中也包括后殖民主义研究。作为后现代主义的一个分支，后殖民主义的理论空间非常广阔。如果用一个词来概括，那就是"反殖民性"。实际上，它在被定义为一个理论之前，它代表的是一个时代的存在状态。第二次世界大战之后，世界格局在战争与和平之间游移，习惯于殖民态势的各个国家都有机会更深层次地探讨本国所处的局势。亚非拉殖民地国家的人民要反殖民，要寻求独立；而面临世界殖民体系崩溃，老牌欧美殖民国家的人民，特别是年轻一代同样也面临反思。青年人特有的反传统、反权威心理与历史变革大背景结合的结果是这些青年人开始奉行一套与其父辈截然不同的价值观，他们积极参加了政治抗议活动，很多国家都爆发了反对越战或其他任何形式战争的游行。库切在美国期间也亲自参加反战游行示威，还曾被关在美国的监狱里。后殖民文化思潮是一种反思性、批判性的思潮，是对帝国主义发展的一种审视、质疑。它怀疑一切所谓的天经地义的标准和发展理想，重新思考怎样才是更合理、更人道的社会状况和人的生活生产状况，以及什么是真正的真理，等等。在这样的思考中，自我认同就不仅是简单地寻找或靠近可依赖的认同对象，而是对对象本身和自我这个认同主体都有所调整。这样的认同过程，表面上是解构的，本质上是建构的，因此也可以说，自我认同的困境是一个具有反思性和批判性的建构过程。作为自我认同的主体，作家库切不会拘泥为仅仅成为一种静止的、一成不变地依附于某一种文化或精神的单向度的人，他要寻找多维度、普适性的身份认同。

库切在作品中会将自己放置在不同的位置考量。在《伊丽莎白·科斯特洛：八堂课》（*Elizabeth Costello：Eight Lessons*，2003）中，他是一位女教授；在《慢人》（*Slow Man*，2005）中，他是一个法国人。在小说体自传《夏日》（*Summertime*，2009）中，著名作家库切已经去世。一位从未见过库切本人的年轻英国传记作家打算为他撰写一本传记，并将焦点集中在 1972—1977 年。于是这位英国传记作家根据库切日记的线索，分别到巴西、南非、加拿大、英国和法国找到五位这一时期与库切密切相关的人士进行采访。

实际上，《夏日》并没有完全体现库切近年的思想发展进程。要真正捕捉他的思想，向前可以追溯到《伊丽莎白·科斯特洛：八堂课》，向后可以读他的耶稣三部曲。他的女性代言人科斯特洛女士的经历和看法都来自作者库切本人。在《伊丽莎白·科斯特洛：八堂课》中，因为伊丽莎白·科斯特洛关于动物权利的演讲涉及与大屠杀所做的类比，尽管所接待的机构尽量保持彬彬有礼的态度，但是她的观点受到很多人的批判。她所演讲学校的学生向学校抗议请她来做讲座，要求学校与她保持距离。也有少数人支持她，但支持她的人更让她感到尴尬，他们中有遮遮掩掩的反犹分子，也有主张保护动物权利的感伤主义者。并没有多少人真正理解她的观点。这也是现实生活中库切所遭遇的实际情况，但是库切不畏惧这种外来压力，他清楚地知道这些人的动机："难道我不再知道自己的立场吗？我似乎和谁都相处得很好，我似乎和人们有着无可挑剔的正常关系。那可能吗，我问自己，他们都在参与屠杀无辜的罪行？……尸体弥漫，尸体的碎片弥漫，都是为了钱。"[1] 细心的读者也会从《夏日》中发现，作家库切在为耶稣系列小说做准备。该小说中，在关于库切所做的日常创作笔记中，有一条是提醒他，不要在《夏日》中过多用力于耶稣的话题，尽管他知道那将是一种很好的关于探讨真理道路的文本创作。

库切的后殖民思想体系看似复杂。他的文学评论集涵盖范围相当宽广，好在他喜欢研究文本，让文本本身说话，从文本中举出有力的事实，得出结论，这使得库切的评论尽管复杂，但非常具有感染力与说服力，让读者通过读他的文评而想去读他所评论的书籍。库切的文学创作也不是易读型文本。他的自传会以小说体形式来表述，他的小说经常打破传统小说在形式和结构上的整体性与连续性，从不同方面、以不同方法展现他对现实与虚构，历史与想象，文学与神学，人类与自然……诸多方面的思考。但是在复杂的外表与形式下，库切后殖民主义社群思想最为本质的内容是他运用复调的形式对任何形式的权威提出疑问；同时对弱势进行强有力的声援。对此，本节将从以下三个方面加以分析。

1. 对语言的反叛

库切本人与语言的关系是亲密的。这首先是因为他的

---

[1]　J. M. Coetzee. *Elizabeth Costello* ［M］. London：Vintage，2004：69.

成长环境，从小他就在英语和南非荷兰语中生活。到了学校，又有机会学习拉丁语。库切的本科、硕士与博士所在系别又都是英文系。他在此期间学习了法语、德语、西班牙语，以及古英语和中古英语课程。为了能够原文阅读他所钦佩的陀思妥耶夫斯基和托尔斯泰的作品，他甚至尝试学习俄语。库切在美国的求学环境，也让他更加深了对语言的学习与思考。20 世纪 60 年代，他所就读的得克萨斯大学奥斯汀分校英文系是全美的英语语言文学研究重镇。库切在得克萨斯大学的导师是 20 世纪 60 年代在语言学和文学领域很有威望的威廉·B. 托德教授。在 20 世纪 60 年代，美国语言学的重心正逐渐从布罗姆菲尔德结构转型到乔姆斯基的生成语法。欧洲的结构主义，尤其是罗兰·巴特和克劳德·列维·施特劳斯的观点也开始被美国学者所关注。热曼·雅各布森的人类学结构主义在民间诗歌的研究让库切看到区分所谓"高雅"的欧洲文化和"原始"文化是错误的。他在得克萨斯大学语言学老师的一门课程上，写了一篇文章比较了那马语、马来语和荷兰语。这三种语言本来彼此不相关，但是在荷兰殖民者带着来自东方的奴隶到达开普敦时，他们开始发生联系。这篇论文将他带入异域语言的句法之中，并发现"原始"这一词汇对语言来说毫无意义。例如，700 多种婆罗洲语言都像英语一样连贯和复杂。他开始考虑语言的殖民性。在 1984 年写的一篇题为《我是如何认识美国和非洲的——在得克萨斯的日子》文章中，他写道：

我读了诺姆·乔姆斯基、杰罗德·卡茨和一些新的通用语言学家的著作，开始问自己：现代要是再有一艘方舟，将人类最好的精华带到其他星球重新开始，我们会不会留下莎士比亚的戏剧或者贝多芬的弦乐四重奏，而把船上的位置留给最后一个澳洲迪尔巴尔族土著人，即使这个说迪尔巴尔语的人是个浑身发臭、老是挠痒痒的肥胖老太婆？❶

他对语言的殖民性与局限性体现在以下的陈述中："作为一个学习英语这门世界上最广泛语言的学生，这似乎是个古怪的立场。而对一个具有文学野心的人来说，这种立场就更离奇了——尽管他的这种野心是如此模糊，以至于将来有一天，当他能够发出他自己的声音时，他发现自己甚至开始怀疑语言究竟能否让人充分表达。"❷ 在库切看来，能抵抗语言殖民性的唯一武器是音乐。

所以在库切的很多作品中，音乐与作品中的人物总是有千丝万缕的联系，他们的生活可以没有语言，但是不能没有音乐，这一点我们可以从《福》和《迈克尔·K的生活和时代》中找到例证。在作品《福》中，星期五的世界就是没有文字、没有语言的，但是他的世界里有音乐。星期五会哼出曲调，会跳舞，会吹奏笛子。会说话的文明人苏珊·巴顿在毫无办法与星期五交流时，她只能求助于音乐，她认为音乐可能是唯一可以与星期五沟通的手段，她

❶ J. M. Coetzee. *Doubling the Point*：*Essays and Interviews*, Ed. by David Attwell ［M］. Cambridge：Harvard UP, 1992：.52－53.

❷ Ibid.：53.

不厌其烦地练习吹笛子与指法，直到能吹奏出类似星期五的调子。先是跟他齐奏，然后等他停止的时候再加进去；她一直不间断地跟着他演奏，直到头晕手痛。苏珊·巴顿对于这种交流已经感到心满意足，因为在她看来"虽然没有与星期五真正交谈，但是这样不是也很好吗？对话本身不就像音乐一样，一个人先演奏一段，然后另一人再接着演奏？我们交谈时所重复的句子是否比我们所演奏的曲调来得重要？"❶ 在《迈克尔·K的生活和时代》中，迈克尔·K是一个智力障碍者，他与外界是格格不入的，他是那样孤独。但是有的时候，读者会觉得迈克尔·K的世界是美妙的，因为他的世界比常人的世界更纯净，他的世界里有音乐，音乐给了他一种纯真的生活，映衬着他那貌似无为的奔走。他努力修好一个破收音机，这样他就能在黑暗中躺在浴室里，听着悦耳的音乐声从另一个房间里飘来。音乐声把他送入梦乡。常常又是音乐伴他醒来，很奇怪，他能听懂并重复听过的音乐，但他听不懂收音机里面播送的新闻。很多时候，他听不到别人对他说的话，周围嘈杂的声音会让位于悠扬的音乐，充斥他脑海的只有一种音乐的声音。尽管他不能与人正常地交流，但是他能分辨出音乐的不同：古典音乐让他感到舒服，电子音乐让他感到不安，等等。对库切而言，语言不仅仅是人类用来沟通的文字和话语，也不仅仅是音乐的语言，因为数学的语言、舞蹈的语言，自然界中各种生物的语言都会引发他在文本中的思

---

❶ J. M. Coetzee. Foe [M]. Harmondsworth, Eng. : Penguin, 1987：96.

考。耶稣三部曲中的大卫和他所思考的与外界的沟通方式就是其中的一个范例，后面的章节会有详细探讨。

2. 对经典的思考

库切肯定音乐的作用，自己也非常欣赏古典音乐，同时他也深受欧洲经典高雅文化的熏陶。但是他在《何为经典》中也提出了对经典的反思。当然，他首先肯定了经典对他的影响。

> 我想问自己一个不够成熟的问题：假如我说，是巴赫的灵魂越过两个多世纪，漂洋过海，将某些理想放在我的面前；或者说，我那重大时刻来临之际所发生的一切，恰恰就是我象征性地选择了欧洲高雅文化，并掌握了这种文化的代码，从而使自己走上了一条道路，这条道路将我带出了我在南非白人社会所属的阶级地位，并最终使我走出了一条历史的死胡同（以我个人当时的感觉，一定会以为自己正身处这样的死胡同），不管这样的内心感觉当时有多模糊而说不清——这条道路领着我，最终同样具有象征意义地使我登上了这个讲台，面对一批来自不同国家的听众，谈论巴赫、谈论 T. S. 艾略特、谈论何为经典等问题。❶

但是，他对 T. S. 艾略特何为经典的判断是持批判态度的。他认为来自美国的艾略特对英国人或欧洲人讲他们

---

❶ J. M. Coetzee. *Strange Shores Essays* 1986—1999［M］. London：Vintage，2002：10 – 11.

要珍惜自己的宝贵文化遗产，试图为西欧基督教世界寻求一种文化和历史的统一。在艾略特的文化世界里，各民族国家就像罗马的行省，其各自的文化只是更大文化整体的构成部分。但事实上，在多年之后，西欧真的建立了一个社群共同体——北大西洋组织，但对其发号施令的既不是伦敦，当然也不是罗马，而是美国的华盛顿政府。从艾略特那里，库切探讨外省人的命运：总是觉得自己格格不入，没有自在的感觉。这种心态对到达殖民地的民众（艾略特概称为外省民众）而言是十分普遍的。"这是外省人的一种命运。古斯塔夫·福楼拜曾在爱玛·包法利的身上看到了这一点，因此他给自己的个案研究起了个副标题，叫作'外省风尚'。对艾略特说来，这种外省人的命运实际就是一种殖民地民众的命运，这些殖民地民众在通常所谓的母国文化中成长起来，这种文化在此特定语境中实际上应该称为'父国文化'。"❶ 这种探讨本身也加深了他对"外省人"命运的理解。他对这种外省人命运的理解提出两个理解方式：一个是完全的同情与理解，将艾略特放在他为自己选定的框架之中，但是其内在问题是这个框架是一种无人可以逃脱的秩序。在这一秩序中，一个人可以找到自己的位置，但这个位置又会被世世代代的后来人加以界定和不断地被重新界定。因此，这实际上是个完全超个人的秩序，也就是说，是个人无法控制的秩序。而另外一

❶ J. M. Coetzee. *Strange Shores Essays 1986—1999*［M］. London：Vintage，2002：9.

种方式，也是运用社会文化分析的方法，把艾略特看作是一个试图重新界定自己周围世界——美国、欧洲——的人，他所为之终生奋斗的事业本质上充满神奇色彩，他不会仅仅满足于面对现实。库切认为艾略特会希望逃脱自己所在的现实：社会地位平平，所受教育也仅限于学术一线，而且，以欧洲学术为主，只能在象牙塔内过一个保守知识分子的生活。库切也同样希望后来人在界定他的时候不要把他放在那个封闭的象牙塔中，而是要把他作为一个"重新界定自己周围世界的人"。

在该讲座中，库切以巴赫音乐成为经典的过程为例，质疑经典的不可动摇的地位。他发现巴赫的音乐之所以成为经典与历史政治背景密切相关。18世纪中期，巴赫的音乐曾经被自己的学生批判为"矫揉造作、华而不实""缺乏清新而自然的气息"，但随着反抗拿破仑而兴起的德国民族主义和随之而来的清教复兴，巴赫的形象成了宣传德国民族主义和清教主义的工具之一，于是巴赫被推为经典。反对理性主义的浪漫主义运动对此也起了推波助澜的作用；加之对音乐的狂热使人以为只有音乐艺术才能使人们直接用心灵进行相互交流。所以正是这些历史原因导致了所谓巴赫音乐的复兴，巴赫的音乐成了构建德国乃至所谓日耳曼种族的一部分。因此巴赫作品在柏林的重复演出以及整个巴赫复兴计划，都有着巨大的历史原因，连在幕后操纵的人对这些原因也未必十分清楚。所以，在库切看来，经典之所以成为经典，感性的或浪漫的解释是不够的。经典作品在历史中定义自己，往往是政治和文化运动的符号文本，并最终继续通过强大的文艺批评获得了新的意义。对于库切思想研究者而言，1991 年，他在维也纳格拉茨做的关于经典的演讲具有重要意义，它标志着库切后殖民主义社群思想的成熟。

库切认为经典的东西与粗鄙野蛮的东西之间，与其说是势不两立的关系，倒不如说是相反相成的关系。在文章中，他引用波兰诗人齐别根纽·赫伯特为例。赫伯特一直以波兰历史为背景来从事写作。波兰这个国家为西方文化所包围，历史上曾被野蛮的邻国所侵凌。在赫伯特看来，经典虽遭受野蛮浩劫，但仍能劫后幸存，之所以能如此，不是因为其所谓的内在品质，而是因为世世代代的普通民众不愿舍弃它，不惜一切代价保护它，所谓经典仅此而已。就如同巴赫的音乐，那里面有最朴素的、与人性最接近的原生态物质。这种精神实质也体现在库切本人所创作的《等待野蛮人》中，老行政长官带领当地民众所等待的并不是"野蛮人"的入侵，而是最朴素的人性的回归。

库切对批评与经典关系的理解体现了他的后殖民主义社群理论评价的本质——批评是一种积极的解构，其最终目的是建构，"对经典的质疑不管如何充满敌意，总是经典自身历史的一部分，这种质疑不仅不可避免，甚至还是应该受到欢迎的。因为只要经典在遭受到攻击时还需要人们为之辩护，那它证明自己是否真的是经典的努力就不会有尽头。人们甚至可以大胆地说，批评的功能是由经典来界定的，批评必须担当起考量、质疑经典的责任。因此，没有必要担心经典是否能够经得起批评。恰恰相反，批评不是经典的敌人，实际上，最具质疑精神的批评甚至是经典用以界定自身，从而得以继续存在下去的辅助力量。这个意义上的批评也许是狡猾的历史得以延续的手段之一。"库切经常在《纽约书评》上发表文章，对文学作品与社会、历史、政治、文化以及作家个人心理成长之间的关系，进行细腻的讨论。本书归纳库切的后殖民主义批评理论，所采用的思路也是如此。

3. 对历史的后殖民主义反思

库切的后殖民主义思想早在他的第一部小说《幽暗之地》中就已经显露端倪。这部小说表现了库切在历史和国家以及文本和作者关系方面的思考。从库切文论集《双重视角：散文与访谈集》中，我们可以了解库切这部小说的创作初始情况。

> 在（得克萨斯大学）图书馆，我查到一本 1920 年以来从未有人翻开过的书。这本书是关于德国探险者在西南非洲边境的活动报告，以及针对纳马和赫雷罗人的探险纪录等稀有史料。我凭借过去的传教士临时拼凑起来的语法书，将西南非洲霍屯督人有语言纪录的最早时间不断往前推，同时把 17 世纪航海家们使用的词汇表收集起来，于是整理出一个主要由旅行者和传教士们撰写的霍屯督人历史传奇。这些作者中有我的 1760 年左右在世的远祖雅可布·库切。多年后，我来到布法罗大学，仍然追踪着这条线索，也准备投入对霍屯督人的历史书写行列中：我要写一本虚

构的雅可布·库切回忆录。这部回忆录不断积累，最终融入我的第一部长篇小说《幽暗之地》。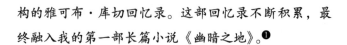

小说的另一部分内容是尤金·唐恩在美国越战期间的经历。这两部分内容被并列在一起。尽管现在这部小说被奉为经典，但是在当时，库切将这本书发给美国、英国和南非多家出版社，却多次被拒。当时大多数人并没有看到此小说两部分所代表的共通的宏观视角，换句话说，如果他们超越大历史，将目光投向那些可能会被人忽略的历史细部，对历史进行纵深的挖掘和阐释，会发现小说所要表达的一个跨越历史的主调：处于强势的一方，不论是上篇中的尤金·多恩、库切（代表越战中的美国政府），还是下篇的雅可布斯·库切（代表南非最初的殖民者），他们总是要将自己的价值观强加于在他们看来比他们要低等的人的身上，自己是文明的，他者是野蛮的，而这既给自己也给他者带来灾难。这一点在《等待野蛮人》中将进一步展现。

《幽暗之地》在出版过程中的一个插曲可以表现库切对作者殖民性作用的态度。当出版社编辑问询他是否要修改殖民者雅可布斯·库切历史记录中的一个前后不一致的情节：前一节记述的是这位殖民者的仆人被河流冲走了，在后一节中这个仆人又出现了，这时是他在重病状态中希望主人将他放弃，继续赶路。库切回复说这不是一个错误，不用改动。但是作品出版后，很多读者与评论者都指

❶ J. M. Coetzee. *Doubling the Point*：*Essays and Interviews*. Ed. David Attwell [M]. Cambridge，MA：Harvard UP，1992：27.

出这个问题。但即使在他的职业生涯的早期阶段，库切严格执行他的原则：作者不对他的作品提供解释。他希望读者自己判断。实际上，通过提供两个版本的仆人死亡的方式，故事的叙述者雅各布斯·库切在向读者表示，他是故事叙述的控制者，同时他也希望读者明白如果只有一个唯一证人，那么他就可以轻松容易地编排事实，而读者只能做被动的听众。所以，从第一部小说开始，库切想要说明的是：作为一个全权的历史编撰者，雅各布斯·库切可以任意构建自己的叙述——仆人可以有两种完全不同且矛盾的死法。实际上读者对雅各布斯·库切旅程中到底发生了什么一无所知，读者只知晓他选择的，想要告诉我们的故事。但是请不要忘记，库切在小说开首交代，雅各布斯·库切所有这些记录都是政府留档的历史记录。可见，20 世纪 70 年代，深受西方后殖民文化批评思想影响的库切已经将枪口对准了历史的真实性与作者的殖民性。

库切的信仰倾向于无政府主义。这里的无政府主义并不是一个贬义词。如果我们研究"无政府主义"这一词汇的英语词汇 Anarchy 的词源，它来自希腊语"anarkhos"，含义是"without a ruler""无统治者"的含义。库切的无政府主义不是不要秩序，而是不要"强权"。库切在《凶年纪事》中曾这样说："倘若非要给我的政治思想插上标签，我想称之为悲观的无政府主义的遁世主义，或是无政府主义的遁世的悲观主义，或是悲观的遁世的无政府主义。"❶ 库切可以被认为是一个无政府主义者，但他不是一个遁世者。他的大量创作与书评说明了他的积极态度。如果真要遁世，他完全可以停下笔，在澳大利亚的阿特莱德享受他的田园生活。库切的无政府主义理念可以从他在《凶年纪事》中对国家起源的分析中看出。《七武士》讲述的是一个政治动荡时期的村庄（国家实际上名存实亡了），多年来被一伙武装强盗掠夺。为了对付强盗，村民想出了一个计划，要雇用他们自己的壮丁——七个赋闲在家的拥有武士头衔的人，来保护他们。计划成功了，强盗被击退，武士大获全胜。但是看到保护制和进贡制这么有效，这些武士向村庄提出：如果村子里的人付出一定代价，他们会将村庄置于他们的保护之下，也就是说，他们将取代强盗的位子。结局是可以想见的，村民们拒绝了，他们要求武士们离开。电影中，武士离开了，但是现实生活中，这些武士则是夺取了政权，建立了国家。所以库切写到，"在我们这个年代，在非洲，黑泽明关于国家起源的故事还在上演，一群又一群的武装分子攫取权力——也就是说，他们吞并国家财富、继续向人民横征暴敛——他们除掉对手，宣称新纪元的开始。虽然这些非洲武装团伙通常不会比亚洲或者东欧有组织的犯罪团伙强大，但是他们的活动却被媒体堂而皇之地报道——甚至包括西方媒体——

---

❶ J. M. Coetzee. *Diary of A Bad Year* [M]. Melbourne, Australia: The Text Publishing Company, 2007: 6.

他们是将其作为政治（国家事务）条目，而不是犯罪行为来加以报道。"❶库切通过对大众传媒中最容易被接受的电影进行分析，来表明他的观点：国家是从暴力中产生的，国家的存在是暴力的最高形式。库切还指出这样的例子在欧洲也可以找到。1944—1945年，在法国，当第三帝国军队的溃败留下了权力的真空，敌对的武装势力竞相抢夺刚刚获得解放的国家的领导权。而那个时候，法国本有可能获得新的自由。

> 在1944年，有没有人对法国民众这么说过：想想吧，德国霸主的溃退，意味着我们暂时无人统治。我们是想结束这样的时刻呢，还是想继续这样延续下去——成为第一个推翻国家的现代掘墓人？让我们，法国人民，利用这重获的短暂自由，无拘无束地畅谈这个问题吧。也许，一些诗人说过这样的话，可是，如果他真的说了，那么，他的声音很快就会被武装势力压制下去，任何的武装势力处在这种情形以及所有类似情形下，他们彼此之间的共性要远远多于他们与人民之间的共性。❷

在库切的后现代社群思想体系中，拥有自由的选择权也是一个关键因素。他强调尊重个体选择的必要性。他也呼吁人类对自然界多加关注，并在多部作品中强调。本书

❶ J. M. Coetzee. *Diary of A Bad Year* [M]. Melbourne, Australia：The Text Publishing Company，2007：7.

❷ Ibid.：7.

总结库切后现代社群思想的形成过程：他带着外省人的宿命感，通过深入研究与解构欧美文化，且时刻保持一种疏离审视姿态对其进行反思与批判，最后从世界主义者的角度建构了自己的文化体系与思想定位。如果我们将库切的经历分段来看，在南非与英国期间是库切后现代社群理论形成的前传，他朦胧地意识到自己如何走出历史的死胡同；到了美国之后，库切才真正开始他的后现代社群理论思想的建构。库切最近在澳大利亚的十年是其理论的完善期，库切的后殖民主义思想体系更加多元化。他更自如地怀疑既定的标准和真理，重新思考怎样才是更合理、更人道的社会状况和人的生活生产状况，以及什么是普适的真理，等等。他一直从哲学的层面思考世界。在这样的思考中，自我认同就不仅是简单地寻找或靠近可依赖的认同对象，而是对对象本身和自我这个认同主体都有所调整。这样的认同过程，表面上是解构的，本质上是建构的。在2004 版，霍米·巴巴所著《文化的定位》一书的封底上，库切对霍米·巴巴做出了如下的评论："巴巴对过去的洞见让西方人明白，这个世界比他们原以为自己所继承的那个世界更复杂、更流动、更混乱。"❶ 这句话同样也可以用来形容他对这个世界的贡献。他也是一位颇有建树的后殖民主义理论家。作为思想上的流亡者，带着外省人的边缘身份，库切形成了他特有的世界主义公民视角。世界主义

---

❶ Homi K. Bhabha. *The Location of Cultur* [M]. London；New York：Routledge，2004.

者库切将目光锁定那些像他这个外省人一样被放置边缘化的弱者——殖民者的居民，受文字审查的作者，监狱中被施以酷刑的犯人，黑人，女人，以及动物，等等。他用文学作品与文艺批评文章给我们提供了一个很有希望的后殖民主义研究方向。在目前仍旧存在诸多不平等的世界大环境中，他在引导我们带着更宽泛的自由度，更乐观、更加多元化地建构一个新型世界主义文化的思想共同体。

第四章　作为文学批评家的世界主义者库切

中篇　库切——其作品

1. 库切小说分为两类：纯小说与自传体小说。将两类文本并列研究，会发现一种新的互文模式。

2. 自传体小说中的《男孩》《青春》和《夏日》中的约翰，也即是 J. M. Coetzee 中的 "J" ——John（约翰）。

3. 库切曾在《双重视角：散文与访谈集》中说过："从广义上讲，所有的写作都是一种自传：不论是文评还是小说，你写的每一样东西在被你书写的同时也在书写着你本人。"

第五章　后现代社群理论梳理

希利斯·米勒在《小说中的社群》第一章非常细致地梳理了后现代社群理论的发展脉络。他也坦承，关于社群的思考一直是复杂且充满矛盾的，因为研究后现代社群这个关键词汇的特殊含义以及作者与作品的关系都是在某个特定历史时期内的有意的选择，其局限性是显而易见的，有时会被误解。但是米勒一直对文本进行系统且有节制的解读，他希望这样的阅读能形成一种"话语行为（speech act），来促使其他人亲自阅读这些小说"[1]。事实上，米勒的这种阅读范式不仅激励了笔者重读他讨论的小说，也用它来阅读库切的文本。

一、小说中的社群的概念界定

本书主要追寻米勒对小说中的社群的概念界定和理论应用来进行实证研究，希望通过对库切文本的细读与探讨，继续追踪米勒所发起的文本中的社群研究的可能走向。这种研究不仅要关注社群研究的历史渊源，更多的是

---

[1]　Hillis Miller. *The Conflagration of Community*：*Fiction before and after Auschwitz*［M］. Chicago：University of Chicago Press，2011：271.

着眼于库切文本本身所蕴含的当下意义，目标是从文本中寻找答案，更好地阐释文学的社会价值与责任担当。自古以来人类对人性的终极探究从未停止，对美好社会的强烈向往是这种探究背后的强大动力。当我们倡导建立人类命运共同体的时候，我们需要对不同的社群进行考察。本书的目的就是提供一个维度，让抽象的观念在有限的范畴内具象化，让多元的社会共性的内容更多地显现，让人类的命运共同体彰显更多和谐的因素。库切曾借伊丽莎白·科斯特洛之口这样评价自己的书——"既不教育人，也不鼓吹任何东西。它们只是尽可能清晰地写出一些内容，即在某个时间和地点，人们是如何生活的。或者更谦虚地说，这些书是在描写几十亿人中的某一个人是如何生活的。"[1]而这个研究的目的是将库切描述的一个个人物放回到几十亿人的虚拟社群之中，从中找出他们共情与共通的可能。

正如雷蒙·威廉斯在研究社群这一概念时，也说过"如同对语言的任何研究一样，要承认过去与现在之间确实存在共通性（community），而且 community——这个难懂的词——并不是对过去与现在之间这些关系的唯一可能的描述。还存在根本的变化，以及不连续性和冲突，所有这些仍在争论中，并且确实还在发生"。[2] 正是因为"社群"这一关键词的复杂内涵与无限的可能，所以本书将其用于库切文本的研究，来挖掘这位流散者对社群的文本展现，

---

[1] J. M. Coetzee. *Elizabeth Costello*［M］. London：Vintage, 2004：207.

[2] Raymond Williams. Keywords, Revised ed.［M］. New York：Oxford University Press, 1985：23.

以及其中的连续性和间断性。

在《小说中的社群》中，希里斯·米勒的社群理论追溯从雷蒙·威廉斯开始。那么，本书也从雷蒙·威廉斯的《文化与社会——关键词》一书说起。在这本书中，"community"这一词条前面的一个词是"共产主义"（communism），后面的一个词条是"共识"（Consensus）。巧合的是，雷蒙·威廉斯认为，这两个词汇都是19世纪中叶产生的，而"社群"这一词汇在14世纪就已经进入英语。他还追溯了这一词汇在发展中与法语的commune和德语的Gemeinde的关系，并区分了社群的5种含义，米勒也将其中关于社群的关键性表述列举出来，如："共同身份和特征"和"直接关系的主体"，而非"有组织的领域或国家的建立""相对较小"，具有"即时感或地方感"。❶ 他总结雷蒙·威廉斯的主要观点，即社群是无阶级性的。

接下来，米勒将雷蒙·威廉斯的社群观念与海德格尔的观念做了比较。后者认为真实性（authenticity）是社群的必要条件。真实性意味着个体独自拥有自己的此在，而不是屈从于"常人"（das Man）而生活。我们知道，当海德格尔在他的《存在与时间》中提出这一哲学概念的时候，它的含义并非指确定有形的个体，而是指个体的生成过程，是一种存在方式。与雷蒙·威廉斯相比较而言，海德格尔更重视私人精神生活的新教传统，而雷蒙·威廉斯

<hr />

❶ Hillis Miller. *Communities in Fiction* [M]. New York：Fordham University Press，2014：1.

第五章　后现代社群理论梳理

对他的威尔士乡村边境村民的新教信仰不屑一顾。他重视那些反对英国教会霸权的小教堂，但却忽略了这些小教堂提倡的私人精神。尽管海德格尔没有对文学作品做出任何长篇的评论，但是米勒强调，海德格尔的文化哲学对他阅读特罗洛普、哈代、康拉德、伍尔夫、品钦和塞万提斯有深远的影响。海德格尔对"常人"的愤怒谴责之声，在当今世界仍然可以听到，因为大众媒体的全球经济垄断导致各地本土文化的消失。这种谴责断言，"很快全世界的每个人都会穿一样的衣服，吃一样的食物，在星巴克喝咖啡，看一样的电影和电视新闻，听一样的脱口秀，想一样的事情"❶，这是"常人"在世界范围内的胜利。不同之处在于，海德格尔显然会考虑一种本土文化，例如《还乡》中与世隔绝的闭塞的乡村社群。研究者会仔细衡量自己研究的这些小说家们在从雷蒙·威廉斯到海德格尔的连续性中处于哪个位置。海德格尔强调"良心的召唤"（der Ruf des Gewissens），这就是海德格尔式的"成为一个本真的、坚实的此在的过程，一个靠自己的力量提升自己的过程。"海德格尔反问道，"如果那在其无家可归的根基处现身的此在就是良知呼声的呼唤者，那又会如何呢?"❷。对海德格尔来说，社群迷失在"常人"中。而读者在对小说进行社群阅读时，要注意区分作者的社群概念在雷蒙·威

---

❶ Hillis Miller. *Communities in Fiction* [M]. New York：Fordham University Press，2014：10.

❷ 海德格尔. 存在与时间 [M]. 陈佳映，王庆节，译. 北京：三联书店，1987：330.

廉斯和海德格尔之间的哪个维度。

米勒认为，作家"以某种类似的方式，或者更确切地说是被作家发明的叙述者，通过一种不可思议的心灵感应，向每个读者透露他们角色的秘密。这些秘密是角色心中保存的珍贵的东西，但他们对周围的人、家人、朋友和整个社群都保持缄默"。❶这里，作家要遵循的是"良知的召唤"，是一种他人无法验证的感觉。也正是因为类似的阅读感觉，笔者在上一本专著中用"超然他者化视角"总结了库切的创作特点，因为他的视角带有一种有超乎具体个体、民族与国家的良知。

米勒认为雷蒙·威廉斯和海德格尔关于社群的观念差异，就像俄狄浦斯和亚伯拉罕之间的对立一样鲜明。"对雷蒙·威廉斯好的，属于平等主义的社群，对海德格尔而言则是不好的。它被称为迷失在'常人'中的逻辑障碍。对雷蒙·威廉斯不利的，从任何有机社群中异化出来的，对海德格尔都是有利的，因为只有通过这种超然，'此在'才能成为一个真实的自我"。❷

关于社群理论的梳理，米勒也列出了其他一些重要的学者，吕克·南希的观点主要是"每个个体都是独一无二的，单一的，同时也是复数的，从词源学的意义上来说对他人是'暴露在外的'。然而，从根本上说，这些其他人仍然是他者化的、异化的陌生人，每个人都被自身的独特

❶ Hillis Miller. *Communities in Fiction* [M]. New York：Fordham University Press，2014：15.

❷ Ibid. 15.

第
五
章

后
现
代
社
群
理
论
梳
理

性所包围。我们的共同点是，每个人都会死，尽管每个独立的个体都会有自己不同的死法。这意味着每个社群在任何时候、任何地方都是无功效的（désoeuvrée）。"❶ 而对于阿甘本（Agamben）而言"未来的社群将是'任意单一体'的聚拢，不是一定要对任何个体有恶意的"❷；而林吉斯（Lingis）认为社群是"那些没有共同之处的人的社群"，他的书强调与陌生人的相遇是当今社群的基本要素。朗肖的"不可言明的共同体"（Blanchot's La communauté inavouable）则认为吕克·南希的"非功效的共同体"（La communauté désoeuvrée）与巴塔耶的"无头的"社群（"acephalic" community）有某种关系。他认为不可言明的社群存在一些不可言说的内容控制着社群的事件发生与走向。

最后，米勒以雅克·德里达（Jacques Derrida）与雷蒙·威廉斯的对比结束他对社群概念的梳理。对于米勒而言，他对海德格尔的"共在"（Mitsein）以及雷蒙·威廉斯所庆幸的人类以友善和相互依存组成社群的观点都怀疑。德里达认为一个世界与另一个世界之间永远存在差异，而且这种差异不可逾越，社群总会产生一种具有自毁倾向的"自动免疫"（autoimmunity）。总之，他对社群的历史发展态势是非常悲观的。正是在这些复杂且矛盾的社群观念之中，米勒希望找到更清楚的对社群的理解。他认

❶ Hillis Miller. *Communities in Fiction* [M]. New York：Fordham University Press，2014：16.

❷ Ibid. 16.

为一个人关于社群的看法很大程度上取决于他的个体性（singularity）与主体间性（impersonality）。米勒倾向于相信雷蒙·威廉斯的无阶级性的社群，但是他又担心，最终社群会像德里达所描述的那样有自我毁灭性。他以美国的境况为例，认为与其说美国像是雷蒙·威廉斯所倡导的那种善良互助的社群，它更像德里达所描述的那种自我毁灭的社群。他甚至觉得"德国纳粹上台前期和美国过去十年发生的、并且在某种程度上今天还在发生的事情之间的极其令人不安的相似"。❶

但是他相信，在美国乡村的一些地方，互助友善的社群仍然存在，但是有时会带有令人沮丧的意识形态偏见、种族主义或仇外心理。同时，米勒表达了他对新媒体的担忧——苹果手机、脸书、互联网、视频游戏等正在摧毁可能残存的一些美好。所以，他通过对特罗洛普、哈代、康拉德、伍尔夫、皮钦翁和塞万提斯的作品进行文本细读，来探究"真正的社群"是否仍然存在。

二、社群理论文本分析实践

关于对小说文本的社群研究，米勒的《社群的爆燃：奥斯威辛前后的小说》是另一本值得细读和借鉴的书籍。在这本文集中，米勒解读了基尼利的《辛德勒名单》、麦克尤恩的《黑犬》、斯皮格曼的《鼠族》和凯尔泰斯的

---

❶ Hillis Miller. *The Conflagration of Community*：*Fiction before and after Auschwitz*［M］. Chicago：University of Chicago Press, 2011：153.

第五章　后现代社群理论梳理

《无命运的人生》等，并把他们和卡夫卡的作品联系和比
较，目的是探讨文学见证极端的集体与个人经历的可能
性。米勒在各类文本和现实间构建了一个虚拟的奥斯威
辛，他认为"卡夫卡的作品预示了奥斯威辛，凯尔泰斯的
《无命运的人生》回应了卡夫卡，而莫里森的后奥斯威辛
小说《宠儿》具有卡夫卡小说的特征"。❶ 他对文本的社
群研究仍旧是为了寻找积极人性的展现。"关塔那摩
（Guantánamo）监狱不是奥斯威辛，但也并非与纳粹'工
作营'截然不同"。❷

　　米勒通过文本细读与研究来提醒读者注意社会问题，
特别是美国社会问题的根源，最终的目的是让读者去见
证。"我查阅的若干照片，最初均从网络获得。通过谷歌，
鼠标点击数下，就可获得许多照片集锦：有卡夫卡及其家
庭的大量照片；有关于奥斯威辛的照片，其中包括最近发
现的卡尔·赫克尔（Karl Hoecker）相册样照；有记录奥
斯威辛受害者的系列影像资料——他们乘火车抵达，通过
'筛选'（Selektion），直至步入毒气室之前的最后几分钟，
仍茫然不知死神逼近；有大量反映美国私刑的照片，许多
最初以明信片的形式传播；还有阿布格莱布监狱的虐囚照
片。这些照片都是作证的一种形式。我们也可以认为它们
或许体现了莫里森的《宠儿》中塞丝的宣告：没有什么会

---

❶ Hillis Miller. *The Conflagration of Community*：*Fiction before and after Auschwitz*［M］. Chicago：University of Chicago Press，2011：42.

❷ Hillis Miller. *The Conflagration of Community*：*Fiction before and after Auschwitz*［M］. Chicago：University of Chicago Press，2011：XIII.

死去，一旦发生了什么，就将永远持续。卡夫卡的生活、奥斯威辛、美国的私刑和阿布格莱布，通过这些存于网络空间的照片，不断重现，一次又一次，永无止境，个人电脑只要接入互联网就可回溯。受现实所限，本书无法收入所有相关照片，但书中附上了对我思考和写作最为重要的那些照片的 URL 地址。能上网的人都可以找到这些照片，看它们如何见证。我敦促读者都去见证。"❶ 生活就是由无数烦琐的内容构成的，但是米勒认为文本的能力就是引发读者去见证。在笔者看来，米勒的这两本文集再一次表明，文学的修辞性阅读是阅读的手段，其最终目标是研究文学的责任，以及社群的良性存在。

后现代社群研究与后现代解构主义的方式一致——看似解构，实则建构。对于这种观点，米勒一直强调和提醒读者，解构主义不是去解构文本，而是去彰显文本是如何解构自我的。包括"社群的爆燃"这个词组，当吕克·南希反思奥斯威辛之后的社群情形之时，他使用了这个词。在被翻译为汉语的时候，有的译者会称之为"焚毁"——"爆燃"的一种结果，但是如果我们从词汇本身看 confla-gration，它的词源 flagrate 所强调的是焚烧的状态而非结果。因为当吕克·南希讨论社群这个词的时候，他强调的是社群所具有的"沟通"（communication）的内涵。而奥斯威辛之后，人们发现建立在共同的历史记忆和文化基础

<hr />

❶ Hillis Miller. *The Conflagration of Community：Fiction before and after Auschwitz*［M］. Chicago：University of Chicago Press, 2011：XV.

第五章　后现代社群理论梳理

之上的民族国家的思想无法提供一个现实可用的具有包容性和涵盖性的政治身份认同，也就是说政治社群出现的不可救药的漏洞，也就导致了另一种虚拟的、非民族国家社群的彰显，在爆燃的火光中，残存着人性的微光，这是米勒文本研究的最终目标。再比如，在评论吕克·南希书名的英译 The Deconstruction of Community（社群的解构）时，米勒评价说："选词也不错，同时表达出相互对立、相互映照的两层含义，既是完成又是消解、既是铸造又是拆卸。"❶ 解构的同时也是在建构，这也是文学作品的特点之一。文学作品其实就是作者通过他的文字，将人生的各个组成部分，以自己特有的方式，从不同的背景来展现，即我们常说的来源于生活且高于生活。正如阿特伍德在谈《使女的故事》和《证言》的创作时，有记者问她关于故事的虚构性问题，她回答说自己书上所写的内容没有一件事情是历史上没有发生过的。确实，她书中的叙事来自他人口口相传，或者是她亲眼看见的真实故事，只不过她虚化了这些人物真实的名字和背景。读者所需要做的是通过这些被分解了的社群碎片，尝试去建构那个非政治的社群。而这个不是建构的结果，而是建构的过程，正如吕克·南希在讨论社群时所说的，"这不是制造，生产或建立一个社群的问题；也不是敬畏或恐惧其中某种神圣力量的问题——这

---

❶ Hillis Miller. *The Conflagration of Community*：*Fiction before and after Auschwitz*［M］. Chicago：University of Chicago Press, 2011：6.

是关于永远未完成的分享的问题。"❶所以，笔者在进行库切文本的社群研究中，秉承的首要原则是社群研究不是要反抗政治社群的存在，而是要意识到一个真正的理想的社群对其成员的要求远比当下政治社群中各成员所能提供的内容要多，它需要一种永远对话的包容机制，一种"此在"的状态，这样，在未来，尽管某些社群的成员来自不同的分支群体，但是他们都有可能建立一个和谐的、可以对话的新的社群。

三、社群理论与库切作品

库切作为流散世界各地多年的作家，他一直在思考一种理想社群的存在方式，并在文本中尝试各种假设。笔者认为库切作品的社群研究类别是这样的：它缘起于雷蒙·威廉斯的定义，并被米勒所倡导，是无阶级性的普世社群。这里用一个例子来说明。比如文明与野蛮的区分是什么？边界在哪里？40年前，库切就用他的《等待野蛮人》做了很好的诠释，在一个年代和国别背景都比较模糊的帝国，所谓帝国的"文明人"用野蛮的方式对待边境的游牧部落，最后惴惴不安地等待着这些被激怒了的"野蛮人"的反击。40年后，他在自己参与改编的电影版《等待野蛮人》中通过老行政长官很短的一句话来表达他对人类社会关系的理解："就我所知，我们没有敌人。除非，我们自

❶ Jean-Luc Nancy. *The Inoperative Community*. Minneapolis MN：University of Minnesota Press［M］. 1991：35.

第五章　后现代社群理论梳理

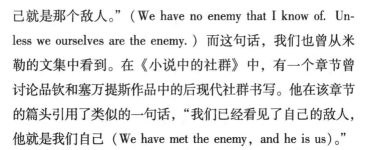

己就是那个敌人。"（We have no enemy that I know of. Unless we ourselves are the enemy.）而这句话，我们也曾从米勒的文集中看到。在《小说中的社群》中，有一个章节曾讨论品钦和塞万提斯作品中的后现代社群书写。他在该章节的篇头引用了类似的一句话，"我们已经看见了自己的敌人，他就是我们自己（We have met the enemy, and he is us）。"

库切也一直在他的作品中探讨文学社群描述的可能性，在野蛮的世界中探求人性的光芒和雅致的情怀。比如他近十年出版了《耶稣的童年》《耶稣的学生时代》和《耶稣之死》。这组耶稣三部曲讲述的是人类经验的故事，读者可以通过阅读来了解谦逊温良的西蒙，桀骜不驯的大卫，母爱无限的伊内斯，曾经激情犯罪的德米特里等各种不同人物的观点。阅读中，读者是否同意小说人物的观点并不重要，有时候甚至人物本身都没有找到确定的观点定位——正如他作品人物伊丽莎白·科斯特洛曾经表述的观点，作品的作用不是改变读者的观点，而是让读者看到这些故事中人物的视角。读者也许会带着自己的已有认知进入这些许不同的文本世界，而正是这些差异有可能激起一场对话。读完作品之后，读者再带着他们自己的观点离开。库切无意于改变读者的观点，他只是呈现故事与思考，然后留下读者自己去品味和见证。

"耶稣三部曲"也将是本书研究的重要文本，因为笔者希望对库切移民澳大利亚以后创作的作品进行后现代社群研究，看他如何分解和讨论这两个重要问题：移民问题和教育问题。遵循米勒的解构主义批评特点，笔者坚持的

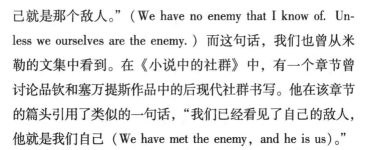

另外一个原则是：对库切文本的阅读是一种解构活动，德里达意义上的解构——同时也是一种结构主义活动，与其说它是一种理论的建构，更多的是它是文本评论的实践。它的目的要把社群概念"松开，拆解，扰动结构"——从某种意义上说，这种模棱两可注定了它可能不被完全理解的命运。不过，对文本朴素的细读是对库切文本后现代社群批评与研究的基础。也正是因为这个原因，笔者用大量的实践翻译库切的文论、传记和小说，每一本书的翻译都是无数次文本细读的过程。在这个过程中，笔者非常清楚地看到了库切后现代社群的建构方式，或者说他如何将他的社群思考拆解放置在不同的文本之中，所以本书努力梳理和展现他的思路和逻辑。

观察米勒对文本的社群思考，一个非常重要的原则是批评者要注意到文学作品是由修辞性语言构成的，文学的语言具有多义、比喻和典故性的特点，那么它一定具有结构上的不稳定性，这就需要批评者搭建一个相对稳定的思路框架和逻辑。笔者在阅读与翻译中，结合库切的生平和米勒研究的灵感，把库切的作品放入物理性质的三个范畴之中——错位、分解和爆燃。而本书特别关注的是库切最近十几年，移居澳大利亚之后的文学创作的爆燃阶段，特别是耶稣三部曲。当澳大利亚这个曾经的他乡成了故乡，南非的故乡成了过往，库切的创作也更加容易显现出无政治化的社群存在状态。这也是为什么，这些文本将是本次后现代社群研究的主体部分。

米勒通过他的《小说中的社群》和《社群的爆燃：奥

斯威辛前后的小说》，以一种令人耳目一新的后现代社群研究的方式，重新追溯文学的责任与意义。正如朱利安·沃尔弗赖斯（Julian Wolfreys）对《社群的爆燃：奥斯威辛前后的小说》的评价："米勒认为奥斯威辛之后写诗远非阿多诺所宣称的是野蛮或不可能的，他让他的读者群体明白了为何现在这样的写作比起以往任何时候都更必不可少，以及为何阅读这样的写作是我们每个人不可推卸的责任。"笔者也会带着同样的期待和批评态度，对库切的文本进行深入的研究。笔者仔细阅读米勒对各种文本的评论文章，感悟他给出的温和而有建设性意义的后现代社群研究目标——探究那个以友善和相互依存所组成的后现代社群，避免它所具有的、用德里达的词汇——自毁倾向。对于文学研究，不管是韦勒克的内外研究，还是艾布拉姆斯的四要素理论研究方式，其核心思考方式是文学的作用。本书的后现代社群研究也是这样的目的，它的特点是以米勒的结构主义文论，在库切的文本中实践关于"社群"这一主题的阅读活动——通过阅读他的文本来探究社群的机制，了解它可能出现的脆弱和撕裂。

笔者读米勒的社群研究，特别欣赏和希望发扬的是他在文本批评中的目的始终是建设性的思维，而非满足破坏性解构的快感。笔者也是带着这样的目的对库切的文本进行解读，旨在分析他如何在文本中诠释社群的机制与作用。因为语言构成的文本充满了不确定性，文本的复杂修辞性总是指向外部其他文本，和其他文本相互关涉，构成互文本性，这是阅读活动无法避开的。所以本书也在注意库切的文本与其他文本的互文性与相互指涉。这些其他的文本和作家都是库切在他的文学评论中所着重研究和评论过的，或者在笔者与其交流中所涉及的作家。

笔者赞同米勒的观点，文学阅读是开放的、可以彼此呼应的。将库切作品与易卜生的作品比较是因为库切本人强调过易卜生作品对他创作的影响；第十三章的库切与彼得·凯里，是要把他们放入澳大利亚文学背景中进行比较，这也是本书所做的国别文学研究的尝试；第十四章的布罗茨基和库切一样有着诗人的沧桑，也是库切在小说《青春》中隆重介绍过的一位；同样对菲利普·罗斯的探讨也源于库切最新一本文集中对这位美国作家的推介。所以这些看似松散的章节其实都是因为库切研究的缘故被聚拢在一起。正如在研读米勒的文论集中，笔者的一个感触是——对这位解构主义批评家而言，不仅小说、诗歌是文本，一切皆可能是文本，所以他会研究网络文章、漫画，并能找到各种差异之间彼此相连的场域，探讨社群合理解构的可能性。本书也是在做同样的事情，将关注点放在库切的文本以及与库切文本相关的讨论中，去探究人类作为社群的存在——它的特点，局限与未来。最终的目的是人类命运的共同体（"共同体"是"社群"的另一种翻译方法）。

第六章 《耶稣的童年》
——家庭教育

子曰："吾十有五而志于学，三十而立，四十而不惑，五十而知天命，六十而耳顺，七十而从心所欲，不逾矩"。身在澳洲、70 岁的库切开始写这本书时，似乎已经到了圣人所说的修炼成贤的境界，能够在各种法度的界定内从心所欲地写文叙事。一直以来，他的写作就不仅仅局限于一个特定的国家或区域，因而很适合用米勒所赞同的非政治化、非种族化的社群研究来分析、理解。现在库切把视角放到了耶稣这个概念上，仔细想一想，耶稣也是一位移民。《耶稣的童年》是一个相当宏大的书名，可以看出库切的视角越发宽广。没读文本之前，读者可能会猜测他要对宗教进行批判性思维，但是读到了文本之后，就会明白库切在用此书指涉所有的世间凡人——我们人类组成的各种社群。小说里有每一个人的童年——从中我们可以看到自己的童年，我们孩子的童年，也可以看到库切本人的童年。

一、移民新生活

《耶稣的童年》讲述的是新移民的故事。小说的背景让人联想到西班牙帝国——那个在号称"日不落"大英帝国之前称霸世界的帝国。主人公是西蒙与大卫两个新移民。他们的名字不是本来的名字，而是在到达新领地贝尔斯塔后被官方任意指定的西班牙语名字。这部小说也会让人想起库切先前的作品——《耻》。在那部作品中，当露西决定放弃对土地的拥有，把一切让渡给黑人农户佩特鲁，她说要从新的起点开始，从一无所有开始。没有身份，没有武器，没有财产，没有权利，没有尊严。在这里，西蒙就是这样从一无所有开始。大卫与西蒙本是芸芸众生中的两个陌生人，只是因为大卫与父母离散，也丢了脖子上挂着的关于自己身世的信件，然后与西蒙遇到一起。西蒙带大卫来诺维拉移民安置中心是因为要帮大卫找到母亲，尽管他从未见过大卫的母亲，也不知道她的名字。

　　尽管两个人没有任何血缘关系，但是一老一小形成了一个新的群体。西蒙毅然承担起监护人的责任，并将为小男孩寻找母亲作为自己的唯一目标。他认为在诺维拉能找到大卫的母亲（尽管他和大卫既不知道那位母亲的名字也不知道她的具体长相）。为了养活大卫和自己，西蒙每天到码头上做搬运工。码头是一个充满爱心的地方：工头帮助照顾大卫，西蒙在工友的帮助下，辛苦而快乐地工作。这样的一种移民生活是库切所展现的生活状态。尽管作为新移民所受到的照顾不是多的温馨和充足，但是大卫和西蒙是可以生存。因为自己也曾经有过移民经历，所以库切对于移民是否能受到公正和善意的对待一直很关注。比如他就强烈反对澳大利亚对待难民的离岸移民拘留政策。根据这个政策，澳大利亚政府对于乘船前来寻求避难的人，可以先将他们转移到设在他国的收容所中，再慢慢予以"审核"。因为澳大利亚法律并没有规定"审核"的明确期限，而收容所的生存情况非常恶劣，难民被无限期拘留，看不到生活的希望，导致了严重的心理健康问题，等等。情况如此严重，以至于联合国难民署介入，呼吁澳大利亚政府改善难民的境遇。库切和彼得·凯里，托马斯·肯尼利等 61 位名人签名谴责澳大利亚政府对待难民的政策无视人类的尊严。

二、关于母爱的思考

对于西蒙要给大卫找妈妈这个任务，他本人坚信，只要见到大卫的母亲，他就能认出她来。这样的行为与堂吉诃德带桑丘出去寻找自我价值实现的行为有相似之处——看着都那么的不切实际，在常人看来是无法实现的。但神奇的是，在诺维拉，他真找了一个圣母玛利亚式的未婚女子，伊内斯，愿意全心全意地做大卫的母亲。西蒙将自己和大卫的住处腾出来给伊内斯和大卫居住，他自己搬到码头上的一个小仓库暂住。每天工作赚回来的钱，他就会拿给大卫和伊内斯用。西蒙对大卫的爱就是父亲般的爱，但是他坚称自己不是他的父亲，而是他的监护人，而伊内斯则是大卫真正的母亲。尽管这位母亲与西蒙一样都深爱大卫，但是爱的方法又不同：前者是对大卫的无限溺爱与放纵；后者是对大卫的耐心指导与帮助。大卫是一个非常聪明又充满爱心的孩子。在这一点上他很像耶稣，有着神奇的领导力。当他被送到问题儿童学校，他很自然地成为那里所有孩子爱戴的对象。文中对他的描述也让人联想到带着荆棘花冠的耶稣。但不可否认的是，在伊内斯的纵容之下，他拒绝接受学校的常规教育。为了避免大卫再次被送回问题学校，西蒙帮助伊内斯，带着大卫逃往其他地方，他们打算到一个新的安置地，开始新的生活。故事到此结束，但是我们知道西蒙、大卫和伊内斯到了新的移民地，还会遇到同样的未被解决的问题。小说中的西蒙是作者当下的化身，而大卫更像童年时代的作者。大卫的聪慧早熟以及与众不同的洞察能力，与库切自传体小说《男孩》中的主人公如出一辙。

这个故事一如库切过去写过的寓言体小说，寓意的厚重让读者可以忽略诸多现实生活中不可思议的细节。故事中的主要矛盾冲突点就是大卫的教育问题，这也是本篇文章所要探讨的主题。伊内斯所体现的母爱与西蒙所代表的父爱在大卫的教育问题中，发挥的作用是完全不同的，但是他们都属于超越血缘关系的爱与教育。

在伊内斯出现之前，对大卫的教育由三个人发挥作用——其中西蒙为主导，阿尔瓦罗（码头上的工头）和埃琳娜（大卫小伙伴的母亲）起辅助作用。西蒙努力工作从而为大卫提供一切成长所需的物质需求，阿尔瓦罗教大卫下棋，带他们去看免费的足球比赛，埃琳娜出于对音乐的爱而不要报酬地教授大卫音乐。他们给大卫提供的是孩子成长所需要的基本教育。此时期的教育没有矛盾冲突的出现。但是在伊内斯出现以后，有关大卫的教育问题出现冲突。首先是达戈先生的出现，他以自己的标新立异、奇装异服和让大卫看他的电视等诱惑让大卫迷恋于他、盲从于他；西蒙看出了潜在危险，他警告大卫和伊内斯：达戈不会给孩子好的影响。而伊内斯并没有意识到大卫与达戈交往的危险，她以为"一个成长中的男孩，生活中需要一个男人。他不可能总是跟母亲在一起。我以为他是个好人。我以为他是个诚实的人。大卫对他的耳环很着迷。他也想要一对耳环❶。"事实上，伊内斯之所以判断失误是因为达戈许诺会给她一个她自己的孩子。孩子成长中确实需要男人，但是需要的是正直的男人。大卫被达戈诱拐之后，警察表示无能为力，最后是西蒙找到达戈的住处将大卫领回到伊内斯的身边。但是伊内斯并没有因此而反思自己对大卫教育的偏颇，她"一直鼓励男孩相信自己是聪明绝顶，不必接受学校教育，只需在家里接受一些辅导就可以了"❷。这样教育的结果是大卫在学校里不合群，不服从老师的管理，最后老师找来心理医生判定大卫应该被送到特殊学校学习。伊内斯不能接受这样的决定，但是她的抗争并不能改变教育当局的决定，大卫被送到特殊学校。后来他偷偷跑出来，最后导致伊内斯要带他逃跑。

关于大卫的教育冲突主要展开于西蒙与伊内斯之间。伊内斯对大卫有绝对的母爱，但是这种母爱的浓度过量，而凸显盲目性。她成为大卫的母亲以后，把大卫当作了婴

❶ J. M. Coetzee. *The Childhood of Jesus* [M]. London：Harvill Secker, 2013：181.

❷ J. M. Coetzee. *The Childhood of Jesus* [M]. London：Harvill Secker, 2013：201.

幼儿来抚养：大卫不再去上音乐课，不再和同龄的小朋友玩，被穿上稚气的娃娃服，甚至被放到婴儿车里推行；伊内斯对大卫的爱表现在尽心尽力对他的生活起居全面照顾，无原则地满足他的不合理的需求，但是这种爱缺乏对大卫的信任、鼓励与引导，阻滞了大卫探索与理解周遭世界的能力发展，以至造成他不应有的心理缺陷。他会说自己不想去学校、不喜欢学校，可以自己教自己。这样的心理缺陷是导致本来聪明伶俐的大卫被送到特殊学校受教育的主要原因。伊内斯的盲目性母爱是比较有代表性的。每一位母亲，天性里都饱含对自己孩子的关爱，愿意辛劳地为他们付出，而且不图任何回报。在"爱"的光芒下，太多的母亲心甘情愿地去接受孩子的指挥，却未曾想到，这种看似爱孩子的行为在孩子成长的道路上，形成了一个温柔的陷阱。

三、爱不是绑架孩子教育的借口

在上一个章节中，我们说到，家庭教育中，伊内斯与西蒙代表两种不同类型的成年人对孩子的教育。伊内斯把大卫当作娃娃来照顾。大卫明明已经是一个自理能力很强的孩子，但是伊内斯给他置办了婴儿推车和摇篮，带他出去玩时用婴儿车推着，睡觉时放摇篮里以防摔出来，她也不容许大卫和其他的孩子玩，甚至停了他喜欢的小提琴课。一方面她认为大卫生活不能自理；另一方面，她又认为大卫的聪明是独一无二的，因此拒绝接受当地教育机构对于大卫需要被送到问题学校的建议。为了躲避教育当局的干涉，伊内斯带着大卫，还有无奈的西蒙开始了逃避学校正规教育之旅。

很明显，敦厚宽容的西蒙并不赞同伊内斯对大卫的教育方法，但是当有明眼人向他质疑伊内斯做母亲的能力时，他却维护她。他认为母亲这一身份给了伊内斯以无限的力量："不能以你的标准或是我的标准来判断伊内斯是不是一个合格的母亲。事实上，她是他的母亲。他和他的母亲在一起。"❶ 这里，库切采用了一个我们如此熟悉的有关教育的论调：因为父母都是爱孩子的，所以父母所选择的他们认为对孩子好的教育方式是不应该被质疑的。但是，回到这部小说，平心而论，任何读者都会些许担心小说中聪慧的大卫可能会被这个没有任何做母亲经验的伊内斯误导。她似乎应该被考核一下，但是恰恰是人们对天生的、无私的母爱的敬畏，让伊内斯得到了一张"资格考"的免考证书。我们哪一位母亲经过资格考，有过什么上岗证呢？伊内斯勇敢地承担了爱大卫的责任，但是可惜，她没有意识到母爱不是占有，任何的爱都不应该成为占有的借口。当占有的欲望出现在爱之中时，这种爱就容易出现错误。当我们的教育用"我是爱你的，我这是为你好"来做借口时，反思的时候也就到了。同样，学校和社会教育中，也不能用"我是为你好"而来掩盖和逃避教育者本身应该付出的努力。

---

❶ J. M. Coetzee. *The Childhood of Jesus* [M]. London：Harvill Secker, 2013：118.

四、父爱的平衡作用

这个时候，父亲的作用就彰显出来。在《耶稣的童年》中，西蒙的任务就是确保大卫不要陷入"温柔的陷阱"。他所发挥的一些作用是伊内斯所不能提供的。首先，西蒙向大卫展现了男人在现实生活中的行为与作用。比如，在码头上，大卫目睹的达戈用刀伤害工头阿尔瓦罗，抢劫会计的钱和自行车的行为，西蒙需要向大卫解释这些行为的出现原因。他没有马上说达戈做了一件天大的错事，而是告诉大卫达戈这样做的原因：因为达戈拥有每个人都有的天性——贪婪，就是希望得到比自己应得的还要多的东西。当他看到大卫不太懂，就用更浅显的比喻说："达戈先生想要被赞扬，想得到一枚奖章。我们没有给他梦想中的奖章，这时候他就拿钱来代替了。他拿了他认为跟他劳动价值相当的钱。就这样。"❶这种解释方式让大卫进一步去思考，而不是将一件事情直接盖棺论定。当大卫认为达戈和工头阿尔瓦罗之间发生的事情是打架时，西蒙解释说阿尔瓦罗是在自我防卫。但是，大卫表示不认同这一观点，于是西蒙就突然扬起手做出要打大卫的姿势，他以为大卫会像阿尔瓦罗那样自然做出自我防卫的动作，从而明白阿尔瓦罗的行为是自卫。但是对于西蒙突然袭击的动作，大卫眼皮都没眨一下，没有表现丝毫畏惧，也毫不

---

❶ J. M. Coetzee. *The Childhood of Jesus* ［M］. London：Harvill Secker, 2013：49.

退缩。他的这种坦然让西蒙根本就无法下手真正打下去。这种结果让西蒙突然意识到，他的判断是不对的，他意识到并承认："阿尔瓦罗不该摆出防御的架势。他应该像你一样。他应该坦然面对。"这就是一种父亲与孩子之间共同进步的过程。也呼应了库切在 2012 年底在南非大学发言所讲的一个观点，男教师在从事儿童教育中不仅是让儿童本身获益，他们自己也会有收获，因为他们能够与纯真更加接近。父亲实际也是在发挥男教师的作用与功能。

西蒙作为父亲的另一个作用是帮助大卫发展社会意识，为他走进现实世界做准备。当他发现伊内斯将大卫包裹起来不与外界接触时，他没有批评，而是写了一个纸条，告诉伊内斯哪些人可以给大卫正确的引导。比如他告诉伊内斯，费德尔是大卫最要好的朋友，也是个非常善良的孩子。埃琳娜一直给大卫上音乐课，而且大卫的歌声是非常美妙的。领班阿尔瓦罗也是大卫的好朋友，等等，但是他最后还会礼貌地说明，这些只是他的想法，伊内斯作为母亲可以酌情判断和决定。这里也体现了西蒙作为父亲可以起到的另一个重要作用：不带有批判性地解释和理解事物，带着包容的态度去沟通。正是这种方式能够让大卫更愿意和他接近，与他探讨心声。所以比较伊内斯与西蒙对大卫的教育影响，西蒙的作用显得更重要。这体现在他对大卫的推动作用，对大卫的约束，以及对大卫使用的语言与教育手段上。

西蒙是一个理想父亲的形象。他首先是大卫可以信赖的朋友，他在工作之余会高兴地花时间与大卫在一起，带他散步，荡秋千，听他讲生活中的趣事；其次他是大卫可以信赖的老师。他关注大卫的心情与想法，尊重他的意愿，并善意地分析利弊，提出建议，使他的选择更准确、完美。当大卫坚持认为自己可以在家里学时，他说："我觉得不能这样，大卫。我觉得你的自我教育阶段差不多该结束了。不过这只是问题的一半。拿出一点更谦虚的态度，向别人更多学习一点阅读，这才是你需要的。"[1] 但是，当伊内斯决定大卫不要去学校上学时，西蒙则提议由他来教授大卫基本的数字与阅读知识，这样大卫就会很快地学会自己阅读。获得伊内斯同意后，西蒙将大卫带到大自然中，去聊数字，带大卫去图书馆，借来插图本《少儿版堂吉诃德》，教会大卫学阅读。可以看出西蒙是通过采用自然的方式来教育和引导大卫。在大卫面临种种人生选择面前，他只是协商者，而不是命令者。

从某个角度上说，这部小说是对家庭教育模式和内容的探讨。父亲的一个重要作用是支持母亲，因为只有这样才能有效地达到对儿童的教育。西蒙在这一点上是非常值得称道的。他意识到伊内斯对大卫教育有偏颇之处，但是他尽量去理解母爱的本源："关于教育，在教养孩子方面，有两种观点：一种认为，我们应该像用黏土造物一样塑造他们，把他们变成有道德的公民；另一种认为，我们的童年只有一次，一个幸福的童年是日后幸福生活的基础。伊

[1] J. M. Coetzee. *The Childhood of Jesus*［M］. London：Harvill Secker, 2013：213.

内斯属于后一种教育思路。再说，因为她是他的母亲，因为孩子和母亲之间的联系是神圣的，我就听从她的。因而，算了，我不相信太多的教室纪律对大卫有好处。"❶ 他没有将父爱与母爱放在敌对的两方，而是从孩子教育的出发点去考量。但他已在潜移默化中影响着大卫对数学的逻辑思维能力，同时他也在伊内斯泛滥的母爱与学校刻板的纪律教育之间起到了平衡作用。伊内斯认为当局要依照法律将大卫送到阿雷纳斯角的特殊学校是不对的，这个法律是不好的，但是西蒙指出法律不是好坏，或者对错的问题，其根源是权力的问题，而生活在其中的人们是没办法逃脱的。他知道伊内斯带大卫逃走的做法是不可取的，因为"如果你逃之夭夭，他们会派警察来追你，而警察一定会逮住你的。你会被宣布为不称职的母亲，孩子会从你身边被带走。他会被送到阿雷纳斯角，而你将为重新获得监护权而卷入永无休止的死缠烂打之中。"❷ 但是，在故事最后他还是协助伊内斯带大卫逃离诺维拉，去找"教育机构的手伸不到的地方去开始新的生活。"❸ 实际上，庞大的教育体系是不会让任何人逃离其外的，但是如果西蒙不介入，大卫的未来教育问题才真正会陷入深不可测的陷阱，所以他需要在大卫的身旁，保证他教育的方向不要走偏。

---

❶ J. M. Coetzee. *The Childhood of Jesus* [M]. London：Harvill Secker, 2013：251.

❷ J. M. Coetzee. *The Childhood of Jesus* [M]. London：Harvill Secker, 2013：231.

❸ J. M. Coetzee. *The Childhood of Jesus* [M]. London：Harvill Secker, 2013：257.

本章节不是为了质疑母爱的伟大作用，而是从库切的文字中总结父亲在儿童成长中可以起到的重要作用。特别是当今初级教育中男教师相对少的状态下，父亲更应该发挥其作用，在女性温情的氛围中，注入男性的力量，配合母亲和其他女性教育者一起激发孩子的学习动机与兴趣，发展他们的潜能与社会心理，有效地帮助他们解决权威、自我控制和成就感等方面的诸多问题。小说中，伊内斯对大卫窒息的母爱让读者想到库切《男孩》中母亲的形象。❶在《耶稣的童年》中，相比较而言，西蒙对大卫的教育和爱的表达方式比伊内斯更有可以借鉴之处。西蒙和大卫的关系是朋友式的，他尊重大卫作为个体的想法和选择，提供支持他成长的坚强后盾，且不是打着爱的名义强加给他任何的想法与观念。

五、语言的作用

小说提到了语言的使用问题。大卫不喜欢被迫学西班牙语，西蒙教育他说，学西班牙语的目的是与人更好地沟通，是为了表达合作的态度。"我们必须彼此协作。我们协作的一个方式就是说同样的语言。这是规则。一条很好的规则，我们应该遵守这条规则。不仅是遵守它，而且还要非常用心地遵守，不能像骡子那样不停地用后蹄去刨地。要用心，还要心存善意。如果你拒绝这样做，如果你

---

❶ 关于《童年》等外省人三部曲与耶稣三部曲的关系梳理，见本书后面章节。

第六章 《耶稣的童年》——家庭教育

不好好对待西班牙语，坚持说你自己的语言，那你就会发现自己生活在一个孤独的世界里。你会没有朋友，你会被人遗弃。"❶ 当然也不是永远都要说西班牙语，小说中大卫还曾学习德语，而且还学得很快。他还曾问西蒙是不是来世也要说西班牙语，西蒙回答："肯定不会。说不定，我们没准要学中国话呢。"❷

库切对于语言的隐喻值得读者深思。我们一般会说学外语的原因在于外语非常重要，是另一种文化的载体，蕴含另一种思维模式，给人们带来更多的可能性。然后因为外语是一种陌生的、不熟悉的语言，所以许多学习者都是带着紧张痛苦感来学习一门外语，而没有找到舒适感。库切对语言的作用，提到了一个词——"善意"，他让大卫心存善意，用心地学新的语言，因为它的目的是带来彼此的协作。正是因为语言的存在，不同的人、国家或文化之间的差异才能有被沟通的可能，才能接近互相理解的和谐状态。所以，不论是哪一种语言，它都是帮助人们沟通和表达自我的工具。如果要沟通，就应该去学习使用那种语言。而在库切所观察的世界里，每一个人都是异乡客，你们每个人都应该学习其他人的语言，从而达到理解。

小说中的大卫是我们每一个人的本我状态，真实的、丝毫不做作的个体。我们每一个人都有大卫那样灵气的地

---

❶ J. M. Coetzee. *The Childhood of Jesus* [M]. London：Harvill Secker, 2013：187.

❷ J. M. Coetzee. *The Childhood of Jesus* [M]. London：Harvill Secker, 2013：158.

方，我们希望用自己的视角理解周遭的世界、用自己的努力改造这个世界、用自己的能力帮助弱者。我们总是愿意相信自己与众不同，应该得到特殊的奖赏。西蒙则告诉世人，"如果我们个个都与众不同，那就不存在与众不同这一说了。"[1] 在当前这个全球化的世界里，每一个人都有着一颗躁动的心，迁移代表着人们对美好生活的向往。以中国为例，在乡村的人希望到城市找到未来，也有许多在城市的人们希望移民到遥远的异国他乡。而在国外，也有越来越多的人将中国作为他们移民的目的地。当迁移成为一种潮流，我们是否思考过，为什么会有这样的移民潮，而移民的目的与需求又是什么？同样因为移民的流动，社群在不断地被解构和建构，如果有一个良好的社群建构机制，那么未来的全球化进程将会更加顺畅与和谐。作为一个一直在世界各地游走、最终定居在澳大利亚的作家库切而言，对移民的经历与感受他是有发言权的。大卫与西蒙所在的安置地——诺维拉，是库切的一个理想社群模式：在这里，每个人都是移民，从不同的地方来，形成了一个新的社群。在这个社群中，每个新移民都可以有住房和安置费；码头上，只要你努力劳动就会挣到工钱；孩子到了六岁自然就可以接受政府提供的免费教育；成人学校里不仅能学到各种知识，还有免费的餐食可吃；码头上的工人干活的时候是如此开心地工作；在教室里上课的时候，他们是如此深刻地探讨哲学问题，好像回到了古希腊的理想国。

---

[1] J. M. Coetzee. *The Childhood of Jesus*［M］. London：Harvill Secker，2013：49.

第六章 《耶稣的童年》——家庭教育

113

第七章 《耶稣的学生时代》[1]
——学校教育

    作为"耶稣"三部曲的第二部，《耶稣的学生时代》的主要人物没有变，仍旧是大卫、伊内斯和西蒙三人。在该书的题记处，库切引用《堂吉诃德》中的话来自嘲："不论哪部书，续篇从来没有好的。"但是这个续篇在笔者看来其实不是续写，因为大卫的故事没有结束，读者很想知道逃离了诺维拉官方指定的教育之后，大卫要怎样上学？这也是库切所构建的故事的一部分。故事的发生背景自然已经从诺维拉转到了艾斯特拉，也是一个移民安置点。尽管并非大卫的生父生母，但是为了大卫的教育，西蒙和伊内斯这两个既没有婚姻关系也没有恋爱关系的大人在互相配合着努力承担父母的责任。这样的一个偶合家庭与陀思妥耶夫斯基作品中的偶合家庭是不一样的。尽管都是处于无根状态，但是卡拉马佐夫一家式的"偶合家庭"，在貌似温暖的家庭形式之中，包裹着邪恶和贪婪；在这本小说里的"偶合家庭"中，利益和价值取向原本不一致的

---

[1] 该章节内容来自作者 2019 年发表于《新京报》和《北京晚报》的部分内容。

西蒙和伊内斯都有着同样的目标——将大卫这个孩子抚养成人。

一、大卫学校的选择

他们之前带大卫逃离诺维拉，是因为那里的教育当局要把大卫送到一个问题儿童学校，这是一个错误的判断。也就是说，他们将大卫带走不是为了脱离学校，而只是为了找到适合大卫的学校。西蒙深知家庭教育对于大卫是不够的，他需要学校教育，所以一直在焦虑地考量哪一种学校适合大卫。为了大卫，他们也任劳任怨地在农场工作积攒大卫的教育费用。

机缘巧合，当地比较富有的三姐妹答应资助大卫的教育，这样大卫得以到一家舞蹈学校学习跳舞，感受艺术的美感。在这里，语言不仅仅是我们常用的文字和发音。舞蹈也成了一种语言。在这个舞蹈学校——私立学校的象征，也就成了该小说发展的另一个重要场景，舞蹈学校的校长、教师和校工则是新出现的一组重要人物。《耶稣的童年》与《耶稣的学生时代》看似关于耶稣与宗教，但是其内容与宗教没有任何关系，作者库切本人也不信任何宗教。除了书名，两本书中也没有任何其他地方再提到"耶稣"的名字，但是不能否认库切用这个名字的深刻寓意。耶稣象征着这个世界上每一个学习理解爱的含义的个体。这两本书的一个共同主题是关注大卫的教育，《耶稣的童年》关注的是家庭教育，《耶稣的学生时代》关注的是学校的教育，而核心都是关于爱和教育关系的探讨。此书继续让读者思考我们的教育要将孩子带向何方，或者更严肃地说：我们的教育要将人类带向何方。

在这个故事中，大卫仍旧像耶稣一样地与众不同。这种不同之处主要体现在他的聪慧异禀，以及对周遭世界的爱。他不希望鸭子被打死，不希望看到马死亡；尽管年纪很小，他很容易就会成为一群孩童中的精神领袖。阅读在群体中的大卫，读者可以明确地感觉到这部小说的关注重点已经从大卫的家庭教育转到了学校和社会教育。教育的核心是爱，但是有爱就够了吗？这部小说继续着《耶稣的童年》中呈现的问题，继续探讨教育这个问题。

二、教育的内容包括纠错与改错

在《耶稣的学生时代》第一章里，鸭子之死就是一个处于群体中的一个孩子如何理解爱以及占有欲的寓言性故事。大卫和小伙伴们看到了河里的一群鸭子，大家都欣喜地想和鸭子玩。孩子中年龄较大的本吉在玩耍过程中，突然用石头打伤了鸭爸爸的翅膀。看到在河里挣扎的鸭爸爸，大卫跳到河里去救它，引来了误以为大卫掉到河里的狗迅速地赶来救自己的小主人，接着又引来大人们的介入。成年人知道受伤的鸭子没有活路可言，就把它的脖子掰断，以便它少受痛苦。大卫并不懂这些，他痛恨打伤鸭子的本吉和结束鸭子生命的成年人，希望给鸭子挖一个坟墓。西蒙尊重大卫的想法，和他一起安葬了鸭子（尽管第二天，他们发现鸭子已经被其他动物挖出来吃得只剩骨架和头骨）。

作为旁观者，读者都能够理解这样的一个常识性判断——本吉打鸭子的行为属于滥杀无辜，没有爱心，是完全错误的行为。但是西蒙没有停留在这一点之上，他教育大卫理解本吉的行为，并为本吉辩护说，"本吉扔石头的时候并没有真正意识到这样的后果，当他看到自己做错事时，他后悔了，感到难过了。"❶ 这里面为大卫营造了一个健康的成长空间，他让大卫明白每个人都会犯错，犯错了以后意识到自己的错误并改正，这就是进步，或者说，错误是进步的代价；真正致命的问题是人犯了错，自己却认识不到，或者拒绝反省自己的错误，也拒绝改正，那就真的没有了进步的机会。同样，学校的教育也是允许学生在犯错和改错的过程中成长。另外《耶稣的学生时代》也关注了学校应该如何包容与引导有个性的孩子。比如大卫一方面是公立学校里老师不喜欢的学生，一方面又是相当聪颖、被同学所佩服的精神领袖。如果他没有面临被送到问题学校的惩罚，也不会有伊内斯和西蒙带着他远走他乡的逃逸事件，就不会有接下来的舞蹈专门学校的经历。其实，犯错误的不仅仅是孩子、学生，大人们也在犯错误。

当大卫选择了去舞蹈专门学校上学，西蒙拿着大卫的行李箱，把他送到学校开始住校学习。他看着大卫和学校的看门人德米特里消失在宿舍楼的尽头，心中的失落，那是所有父母都会经历的感觉，曾经父母心中的中心要融

----

❶ J. M. Coetzee. *The Schooldays of Jesus*［M］. London：Harvill Secker, 2016：11.

117

人更大的社会环境中。西蒙不断地告诉自己"放手吧，该放手了。"看门人德米特里看出了他的内心，一句话点出来其根源，他所有的失落都源自他对大卫的爱，因为爱，所以看到大卫离开他的庇护进入学校的时候，会感到伤心。但是随着小说的发展，读者发现成人世界里，人们也会犯错误的。德米特里自己因为如此地爱恋美丽的舞蹈专门学校校长夫人安娜·玛格达莱娜，最后竟然亲手掐死了也爱着他的安娜。从他对自己行为的解释中，我们看到其根源也在于他对爱的狂热的占有欲。在对大卫解释这件事情时，西蒙为德米特里的辩护和杀死鸭子的本吉的辩护完全一样，他进而告诉大卫，"我们并不总能够预测到自己行为的严重后果——特别是我们年轻的时候"。❶ 这些故事在说：人真的会犯错，而且很多时候都是因为爱，因为一种不成熟、不计后果的爱，包括对人的爱，也包括对物的爱恋。人的成长过程就是理解各种爱的过程。而教育的过程同样也应该是理解和实践爱的过程，人在爱的教育和纠错中逐渐成熟。

三、教育包括价值判断标准的传输

小说中，西蒙的教育方法是在尊重大卫的基础上耐心地引导。他是一个持之以恒的教育者，他将自己所相信的价值观实践于对大卫的养育之中。有一段时间，大卫喜欢

---

❶ J. M. Coetzee. *The Schooldays of Jesus*［M］. London：Harvill Secker, 2016：11.

收集各种物品，包括各种废物。比如鹅卵石、松果、枯萎的花、骨头、硬壳，还有一小堆瓷片和一些废金属。西蒙认为该扔掉这些废物，但是大卫说那是他抢救下来的东西，所以不能扔，西蒙则尊重他的想法，尽力理解他的所爱。

关于钱的价值，大卫曾经问西蒙，如果人们想要硬币，为什么不直接到造币厂去拿。西蒙给大卫解释说："如果我们不必为了挣钱而工作，如果造币厂直接把钱发给我们每一个人，那钱就没有任何价值了。"❶他通过这个实例告诉大卫，钱的价值不仅在于货币本身，而是在于个体为之付出的努力。

像塞万提斯一样，西蒙对他人的个体的价值判断充满了尊重。比如，在《耶稣的童年》中，码头工人达戈在发薪日抢了钱箱之后，西蒙对大卫解释达戈抢钱的原因：可能是他认为自己应该被给予更多的报酬。"我们都想得到比自己该得到的更多。这是人的天性。我们都想得到超过自己应得的份额。"❷"达戈想要被赞扬，想得到一枚奖章……我们没有给他梦想中的奖章，这时候他就拿钱来代替了。他拿了他认为跟他劳动价值相当的钱。就这样。"男孩接着问，为什么不满足达戈的欲望，给他一枚他想得到的奖章？西蒙回答："因为，如果大家都得到了奖章，

---

❶ J. M. Coetzee. *The Childhood of Jesus*［M］. London：Harvill Secker, 2013：193.

❷ J. M. Coetzee. *The Childhood of Jesus*［M］. London：Harvill Secker, 2013：56.

第七章　《耶稣的学生时代》——学校教育

那奖章就一文不值了。因为，奖章是挣来的。就像钱一样。你不能因为想要奖章就去拿一块。"❶ 就是这样通过对一个又一个事件的解释，西蒙希望大卫明白，不论是钱，还是奖章，它们的真正价值在于每个个体为之付出的努力，人类自身才是价值的决定者。

教育的核心最终要落在价值观的塑造，不管哪个国家或社群的教育，最后都希望培养出对社会有用的人，有好奇心，有同理心，有包容的胸怀，有合作的精神。这样的人也容易成长为一个快乐的人，也是天下所有父母对孩子的期望。这里，西蒙和伊内斯所做的就是努力付出爱心，对于一个与他们非亲非故的陌生男孩，他们为什么要这样做？

这其中蕴含库切对人类社群的思考。作为一个社会成员，得到社会救助的西蒙用静水深流般的爱与陪伴努力启蒙着大卫，引发他对世界的思考与关心。在学校环境中的大卫，被以教育为生的老师所关心和培养。一个健康的社群应该强调劳动创造价值的观念，需要人们明白和理解劳动是幸福的事情，是让人更加健康、让社会更加美好的必要条件。就像辛勤的农夫，要锄草、施肥、浇水，用汗水和劳动换来秋日的硕果。同样的道理，城市里的人也应该用各自的劳动创造价值，学校里的学生要努力学习，来积累本事成为让自己所在的社群更美好的人。西蒙和伊内斯

---

❶ J. M. Coetzee. *The Childhood of Jesus* [M]. London：Harvill Secker, 2013：57.

所照顾和培育的不仅仅是一个需要帮助的幼童，也是他们心中对美好世界的希望。他们让这个孩子通过被关爱而健康成长，然后将他们的爱传递下去，让这个世界更美好。这应该是库切对家庭教育和学校教育的作用的基本思考。

第七章 《耶稣的学生时代》——学校教育

第八章 《耶稣之死》
——社会教育

从《耶稣的童年》到《耶稣的学生时代》，再到《耶稣之死》，每隔三年，库切发表一部小说，终于在2019年出版完成了他的耶稣三部曲。这三本小说以大卫作为主人公，内容从书名就可以看出——主要是关注他的教育成长。故事的叙述者——照顾少年大卫的中老年男子西蒙，在三部小说中，属于一直在场的状态。他的主要任务就是照顾没有父母、不知道来自何处、与他非亲非故的男孩大卫，从他幼儿开始到10岁去世。第三部小说《耶稣之死》仍旧延续使用第三人称视角，通过"他，西蒙（He，Simon）"的叙述❶，在这部小说中，神秘的天才儿童大卫表现出常见的孩子对父母的逆反情绪，脱离家庭到孤儿院生活，主要是为了参加孤儿院的球队踢球。在这个新环境里，他接着吸引了一大批追随者，不幸的是他得了一种奇怪的不治之症，最后死在医院之中，而他希望带给人们的一个口信也成了一个

---

❶ 在三部曲英文版中，很多次，当西蒙这个名字出现的时候，库切用的不是"西蒙"这个名字本身，会用"he, Simón"，一个原因是为了区分同场景出现另外的单三人物，比如大卫，另一个原因是沿袭库切一直喜欢的单三人称的叙述。

谜。西蒙多方求索，一直没有找到答案。真相的迷失是库切小说社群探讨中的一个重要主题，本章节将结合耶稣三部曲的前两部，将这三本小说作为一个整体，通过文本细读，来分析库切如何通过作品与其他经典作家对话并寻找真相。这个真相的英文词汇是"truth"，——并非具体的事件真相，而是抽象的真理状态。

库切本人一直强调视角的叠加，这一点在《双重视角：散文与访谈集》（*Doubling the Point*：*Essays and Interviews*）这部文集的名称选择上就可以得到佐证。本来一本文集只要收录研究者自己的论文就好，但是库切却邀请自己昔日的学生兼同事大卫·阿特维尔参与这本书的创作，对自己曾写过的 8 篇文章做相关访谈。通过这样的方式，读者就能够了解关于贝克特、互惠诗学、大众文化、句法、卡夫卡、自传与告白、南非作家等 8 个主题的两种视角及观点。这也是为什么该书取名为"双重视角"。该书名的选择表达了库切对待文学研究，也包括文学创作的态度，那就是尽可能以更多的视角来全方面展现真相。在该书关于陀思妥耶夫斯基的一节中，库切曾说："在所有这些机制建立起来之后（叙述者准备好了担当他问询者与被问询的他者的角色，线索指向了一种真相，这种真相质疑和复杂化了坦白者声称的真相），我们看到的（我现在推测）是一种幻灭，一种对这样拐弯抹角从谎言中挤出真相的方法的厌烦……"。❶ 那么库切是怎样寻找关于教育的真

---

❶ J. M. Coetzee. *Doubling the Point*：*Essays and Interviews*. Ed. David Attwel［M］. Cambridge：Harvard UP，1992：293.

第八章　《耶稣之死》——社会教育

相呢。本章也将采用另一种形式的双重视角，看库切怎样在他的耶稣三部曲中与他所欣赏的作家塞万提斯、陀思妥耶夫斯基、卡夫卡对话，并邀请读者思考儿童的教育与发展。

一、对话卡夫卡

小说中的少年大卫是一个挑战世俗的孩子。他从小就与众不同，不能接受传统的学校教育，不能被周围的人所了解，孤儿感（孤独感）是他一直摆脱不开的阴影。当下有一句很流行的话：要么庸俗，要么孤独。这里体现着一个理想主义者的困惑。其实大卫这种与众不同与卡夫卡《变形记》里面的格里高利有相似之处，一个是外形的异化，一个是想法的异化。当个体与众不同的时候，他的境遇如何？大卫又像卡夫卡《城堡》中的 K，没有身份，没有亲人，没有理解他的朋友，像一只迷途的羔羊面对着对他充满敌意的村庄，城堡当局对他也没有任何信任。在《耶稣之死》中，库切用的比喻是"世界就是一个大监狱"，最后连男孩大卫喜欢的羔羊也被他的狼犬吃掉了。库切与卡夫卡作品人物的相似性与关联性首先源于其作者经历的相似。库切和卡夫卡一样都是生活在一种不能融入主流、处于疏离状态的人，都曾经历了语言选择的煎熬。卡夫卡出生于捷克的布拉格，而他又是奥地利人，成长于说德语的犹太家庭。他并不是一个典型的犹太人，甚至有很长的时间排斥犹太文化。与父亲相处并不融洽，在用德语授课的学校学习，一直处于身份认同的迷惘中。库切作为出生在南非的白人，家里主要说英语。因为经济原因，他和家人一直在不断搬家的过程中，1949年，7岁的库切和家人一起搬到伍斯特，这是他第一次接触以南非荷兰语为主的社区。在学校的操场上、在街道上，他遇到说不同类型南非荷兰语的人。虽然他的姓"库切"是一个典型的南非荷兰语的姓，但他不觉得自己是一个南非白人。在学校里，他会是唯一一个通过学院双语考试的学生。但是他没有从南非荷兰语或英语语言使用中找到良好的感觉。以至于，他对语言的使用一直非常敏感。这两位作家对语言的敏感与不安感受也映射到他们锐利的社会观察与描写中。他们的独特视角造成了独特的美学视角——假想的极端状态，要么成为变形的甲虫，要么成为神一样的救世主似的少年大卫。

他们作品中的主人公一直在反思自己的身份和价值。格里高利·萨姆沙是家里唯一的养家糊口的人，想着怎样努力工作以维系家人的生活。尽管变成了甲壳虫，格里高利还考虑着如何能上班赚钱，让妹妹学习弹钢琴。但是，当他以甲壳虫的形象出现在周围人的面前时，他完全被抛弃，老板被吓走，他所关心的家人竟然希望他不存在。其实那个时候，除了身体的异形，他还是那个原来的他，能听懂周围人的话，但是其他人听不懂他的话，也不理解他，这种痛苦的被抛弃的感觉是令人绝望的。在《耶稣之死》中的大卫，同样也存在不被理解的苦楚。尽管有西蒙和伊内斯的照顾，他一直觉得自己是孤儿，希望在孤儿院里找到自我。他帮助孤儿院的球队踢球，和一些常人眼中的不良少年打交道，也包括与德米特里这个人们眼中的杀人犯保持密切关系。这些都是他的照顾者西蒙和伊内斯所不能理解的。小说中，西蒙是一直试图理解大卫的人，他努力相信大卫说自己是上帝派来的使者这样的想法。他在《耶稣之死》中一直尝试弄清楚大卫要带来的口信，但是到了小说的终结，他仍旧还是没问清楚大卫的口信是什么。这也给读者一个思考的空间和想象的可能，大卫的口信，那个 message 或者说 truth 是不是与爱有关呢？

这些作品中主人公的命运也是作者自我情感与命运的投射。卡夫卡和库切笔下的人物心中都充满着爱。格里高利想着帮助家人；大卫想着帮助周围的人，特别是孤儿院的孩子们。而他们的死亡蕴含着其作者的悲观情节。人可以心中充满了爱，但是很多时候他是不被理解的，面临的是没有出路的未来和绝望的生存，因为缺少同行者，他们不得不孤军奋战。世界上的每一个人都是孤儿。这是库切在耶稣三部曲中发出的哀叹。其实人是非常害怕发现自己原来是孤独的，而比这还可怕的是有人根本不敢往这个方向想，也根本找不到自己。所以最后，作者只能为他们安排死亡的结局，这表现了作者对济世的渴望以及对现实的无奈。对他们而言，世界是让人失望的，生命中充满了无解的悖论。就如同《堂吉诃德》结尾，希望纠正世界错误的主人公悲伤地回家，他意识到自己不是英雄，而且世界已经不会再有英雄存在。尽管处于暮年的库切希望像"西班牙老人（堂吉诃德）"那样思考，但是最后，他还是在《耶稣之死》中结束了大卫的生命。

二、对话塞万提斯

堂吉诃德说："人生的舞台上也是如此。有人做皇帝，有人做教皇；反正戏里的角色样样都有。他们活了一辈子，演完这出戏，死神剥掉各种角色的戏装，大家在坟墓里也都是一样的了。"桑丘说："这个比喻好！可是并不新鲜，我听到过好多次了。这就像一盘棋的比喻。下棋的时候，每个棋子有它的用处，下完棋就都混在一起，装在一个口袋里，好比人活了一辈子，都埋进坟墓一样。"❶ 库切是《堂吉诃德》的书迷。他曾经在演讲中多次提到儿童时代读少儿版《堂吉诃德》对他产生的深远影响，他一直认为堂吉诃德是一个真正存在的活生生的历史人物。在《青春》中，他曾介绍自己在大学时代如何尝试创作一部《堂吉诃德》的诗剧，但是年轻的他没有完成，因为那个时候这位西班牙老人离他太远了，他无法从他的角度思考❷。但是希望与塞万提斯对话的念头没有消失，所以暮年的库切再次尝试塞万提斯式的思考，甚至于耶稣三部曲中第三部《耶稣之死》的首版发行语言是西班牙语。

塞万提斯作品对库切成长的重要性在《耶稣的童年》中是这样被例证的：大卫学习西班牙语的方式就是通过熟读少儿版《堂吉诃德》这一本书，他没有再读过任何其他的西班牙语书籍。尽管伊内斯和学校的教师都不喜欢大卫

❶ 塞万提斯. 堂吉诃德［M］. 杨绛，译. 北京：人民文学出版社，2003：65.

❷ J. M. Coetzee. *Youth*［M］. London：Vintage, 2003, Chap. 8.

第八章 《耶稣之死》——社会教育

读这本书，但是西蒙重视这本书的意义，并引导大卫的阅读。从某个意义上说，西蒙可以被看作是堂吉诃德的翻版，他相信个体的努力与梦想的价值。西蒙曾对大卫解释说："我们有两种看世界的眼睛，一种是堂吉诃德的眼睛，一种是桑丘的眼睛。对堂吉诃德来说，这是他要战胜的巨人。对桑丘来说，这只是一座磨坊。我们大部分人——也许你不在内，但我们大多数人——都同意桑丘的看法，认为这是磨坊。"❶ 现实的生活可能就如同磨坊，日复一日地充满了辛劳且没有任何新意，但是西蒙希望大卫理解堂吉诃德的骑士精神，带着为他人奉献之心，努力让自己变得更好，也让这个世界更好。在《耶稣之死》中，少儿版《堂吉诃德》同样也是小说中的重要元素。大卫在医院里，多次在堂吉诃德的基础之上，改编讲述他的大卫版的堂吉诃德，内容展现了作者对元文本的新颖思考。

西蒙对于人性的了解非常透彻，正如他在向大卫解释工人达戈抢钱的原因时说到的："我们所有的人都一样。我们愿意相信自己与众不同，我的孩子，我们每个人，都愿意相信这一点。但是严格说来，这是不可能的。如果我们个个都与众不同，那就不存在与众不同这一说了。但我们还是相信自己。"❷ 那么，人们如何相信自己是与众不同的呢？答案是：像堂吉诃德一样，在自己的世界里，为自

❶ J. M. Coetzee. *The Childhood of Jesus* [M]. London: Harvill Secker, 2013: 164.

❷ J. M. Coetzee. *The Childhood of Jesus* [M]. London: Harvill Secker, 2013: 59.

己的理想而坚持。在一般人看来，堂吉诃德不切实际的骑士精神是可笑的，但是在塞万提斯，或者库切看来，存在的意义在于人为自己的理想而努力争取，珍视自己的荣誉，肯为他人牺牲，同时也给他人信任。在这三部曲中，西蒙是自始至终对大卫充满信任的人，这应该是大卫短暂一生中最美好的记忆。不论是自己的行事，还是对大卫的教育，西蒙一直保持他的这种宽容理解的理念，这也是库切本人的教育理念。

三、对话陀思妥耶夫斯基

关于和陀思妥耶夫斯基的互文性对话，在1994年出版的《彼得堡的大师》里，库切已经开始了系统的文本尝试。在那部小说中，库切采用第三人称形式，给我们讲述一个由他想象的关于陀思妥耶夫斯基的故事。小说的内容看似来自陀思妥耶夫斯基本人的生平，读者不仅可以看到陀思妥耶夫斯基现实生活中的亲戚与朋友，也可以看到陀思妥耶夫斯基作品中的人物。但是这部小说中的许多内容并非事实，更多的是库切本人对自己中年丧子经历的再次回忆，这些内容在文本中形成了多层次的互文。通过这种多层次的众声喧哗和错综复杂的文本互涉，复调中的复调，库切以文学创作的形式演绎着他对陀思妥耶夫斯基作品与生平的思考。在《耶稣的学生时代》中，读者没有看到陀思妥耶夫斯基的名字，但是会看到陀思妥耶夫斯基作品中的一位重要人物的名字，那就是德米特里——《卡拉马佐夫兄弟》中被指控杀父的儿子，还有其他读起来让人想起《卡拉马佐夫兄弟》的名字，比如被刻画成善良人物的"天使"般的阿廖沙等。

严格地说，在《耶稣的学生时代》中，德米特里不是主人公，他是一个杀人犯；在《耶稣之死》中，他也不是主人公，只是一个把大卫当成神一样对待的信徒式人物。如何判断德米特里是小说带给读者的一个巨大挑战，他杀死校长妻子的罪行无形中也成为后两部小说的故事发展关注点。笔者认为，德米特里这个人物名字的选择对库切而言不是偶然的，从某个角度可以说，库切是在以复调的形式，通过德米特里这个人物与陀思妥耶夫斯基以及他的作品呼应与对话。不论是在文学创作中，还是在学术研究中，库切对陀思妥耶夫斯基以及复调研究都是非常重视的。库切文论集《异乡人的国度》中曾收录了一篇介绍巴赫金如何用复调理论来分析陀思妥耶夫斯基作品的论文。他认为，"复调小说"的理论是巴赫金在分析陀思妥耶夫斯基的作品时提出的一种文本分析理论，认为对话概念的优势在于没有主导的、中心权威的意识，因此不会有任何一方声称是真理或权威，有的只是争论的声音与对话。《耶稣的学生时代》中，关于德米特里的罪行讨论，库切也采用了这样的方式，作者近乎中立地描述人们围绕德米特里杀人案发出的各种声音与反应。

一方面，所有人都认定德米特里杀人是犯罪的行为，但是关于他杀人的原因，大家的理解是不同的。小说中大多数的人物并不知道德米特里与受害者早有私情。他们以为这是一场爱而不得的犯罪；但是西蒙是被告知了原因的人。德米特里给西蒙讲述了他如何与安娜互相爱慕，偷偷见面约会。那么跟着西蒙一起了解实情的读者大多不能接受这样的反差：明明安娜在情感上和身体上都已经接受了德米特里，为什么他要杀死女神一般美丽的安娜。德米特里这样向西蒙描述他对安娜的感觉："她是美女，真正的美丽，实实在在，从里到外。如果把她拥入怀中，我应该感到非常自豪。但是我不是的，我感到羞耻。因为像我这样的一个丑陋的、危险且无知的蠢物根本配不上她。……我觉得有什么东西彻底的不对劲。美女和野兽。"❶ 在美的面前，一直存在着丑的自卑。所以，案发的那一天，与自己的女神在一起的幸福时刻，他突然有了一种让安娜觉得他是主人的感觉。于是他卡住女神的脖子，想让她知道一下爱是什么？到底谁是主人？就这样，他掐死了安娜。这再一次例证了《卡拉马佐夫兄弟》中出现的观点——美是如此可怕而神秘的东西，竟然会引发人内心中的兽性。美与丑，爱与恨是两对极为复杂的对应物。在《卡拉马佐夫兄弟》中的大法官，曾经针对德米特里的杀父案说过这样一句话："美这个东西不但可怕，而且神秘。…… 围绕着这事儿，上帝与魔鬼在那里搏斗，战场便在人们心中。"❷

除了在感受"美"的影响力这一问题上，库切尝试与陀思妥耶夫斯基对话外，他还在另外一个重要方面与其发

---

❶ J. M. Coetzee. *The Schoold ays of Jesus*［M］. London：Harvill Secker，2016：230.

❷ 陀思妥耶夫斯基. 卡拉马佐夫兄弟［M］. 荣如德，译. 上海：译文出版社，2004：124.

生着对话，那就是对人性的表露与基本需求的探究。如果上帝不存在，人什么都会做，人也会犯错的。库切小说中的西蒙一直在重复的观点：我们都会犯错，有的时候我们不能预见到我们行为的后果。德米特里杀死安娜是犯罪，但从故事的描述看，他是激情犯罪，当他做出犯罪的行为时，他没有预料到安娜的死亡。而他本人一直是懊悔的，所以他向法庭强调自己是有罪的，要求通过去盐矿做苦力来赎罪。库切的小说中彰显着他的理想帝国是没有死刑的运行标准，尽管德米特里犯了杀人罪，但是艾斯特拉的司法当局对他的惩罚是要么被收到精神病院治疗，要么去盐矿挖盐。而德米特里选择做苦力的方式来赎罪。德米特里的观点隐含着长老在《卡拉马佐夫兄弟》中提到的一种态度："包括流刑、苦役在内的处罚——过去还要加以鞭笞——其实并不能使任何人改邪归正"❶，真正重要的是犯罪者自己的悔过，法庭不能让一个犯罪者心悦诚服地伏法。也是因为同样的原因，不论是在《卡拉马佐夫兄弟》中，还是在《耶稣的学生时代》中，审判进行中，本该肃穆的时刻，小说中总是出现一些对无聊看客的描述，这些看客增添了法庭上是非难辨的闹剧感，而非神圣感。

在《耶稣的学生时代》中，不仅是对于德米特里杀人案上，在其他事例中，西蒙反复对大卫强调：人会犯错的，犯错的人也会后悔的，因为人都有良知。西蒙是一个

---

❶ 陀思妥耶夫斯基. 卡拉马佐夫兄弟［M］. 荣如德，译. 上海：译文出版社，2004：70.

成熟的教育者，通过多个实例反复教育大卫理解人性的真相，而且观点前后保持一致。他对本吉杀死鸭子的评论完全可以类比于他对德米特里杀人案的评论——我们会犯错，我们并不是可以完美预测行为后果的神人。是啊，我们都是凡人，凡人会犯错。如果我们真的领悟这一点，能够直面我们所犯的错误，我们才不会躲避和诡辩，才有改正和进步的可能。在这里，笔者突然想到如果这个时候大卫问西蒙："你认为犹大出卖了耶稣以后，他后悔吗？"西蒙或者说库切的回答一定是："他是后悔的。"库切与他的人物西蒙都相信人性的良知。

在耶稣三部曲中，有一个情节是许多读者不理解的，学者也在撰文探讨的，那就是西蒙和伊内斯不是大卫的亲生父母，却如此认真地承担父母的责任。他们会说，即便是圣母玛利亚也还是耶稣的生身母亲，而故事中的伊内斯与大卫没有任何关联，但是能够坦然接受西蒙的提议，尽职尽责地做大卫的母亲，这与我们常读到的白雪公主或灰姑娘的后妈一定是恶毒的常规情节完全不合拍。如果想找到答案，亦可以借鉴《卡拉马佐夫兄弟》中的一句话："地狱就是'再也不能爱'这样的痛苦。"❶ 在异化的世界里，每个人都蜷缩到自己的套子里，不想与外界有更多的接触。但是每个个体的内心深处都会渴望成为一个有爱的能力的人，从这点上看，抚养大卫成长这件事情本身给了

❶ 陀思妥耶夫斯基. 卡拉马佐夫兄弟 ［M］. 荣如德，译. 上海：译文出版社，2004：381.

西蒙和伊内斯施爱的机会，让他们两个人从付出与担当中找到存在的价值，他们的关系是互为拯救者。"大卫"这个名字的英文 David 从词源上讲，其含义也是"爱"的意思，所以，在耶稣三部曲中，库切用主人公大卫这个名字看似指涉耶稣，寓意在于爱，如果一个社群没有爱的存在，那么它就是没有未来的。库切用文字构建了这个虚拟的社群，让我们思考它内在的问题。大卫之死，这样的故事结局再次印证了诺奖评审委员会对库切的评价："有道德原则的怀疑主义者，对当下西方文明中浅薄的道德感和残酷的理性主义给予了毫不留情的批判"。他对待理想社群的最终建立仍旧持有怀疑的态度，三部曲到了终了，库切也没有提出一个改变世界的社群建构方案，留下的是对现实世界深深的哲学困惑，这也是他写作的一个特点，他总是在用朴素简洁的小说内敛地展现自己的想法，抗衡那种毫无反思的生活模式、毫无智识的文化范式。三部曲中强烈的社会批判意识有待读者去发现。尽管库切知道这个世界不会因为他的思考而马上改变；但是他仍旧希望用自己的文字来做出贡献，等待着，未来会有人了解他的创作意图。

第九章　外省人三部曲与耶稣三部曲的互文——从有界到无界

2003 年 12 月 10 日，在诺贝尔文学奖颁奖典礼上，从来不会谈论自己的库切一反常态地谈论到他的母亲，以及他和自己伴侣的交流。他告诉在场的 1300 名嘉宾，如果他的母亲当时还活着，应该是 99.5 岁了。他说自己的伴侣还和他说，他获得诺贝尔文学奖，一定会让母亲的在天之灵感到非常自豪。库切是赞同这个观点的，他反问嘉宾，"努力获得诺贝尔奖，如果不是为了我们的母亲，我们还会为谁呢?"。然后一向内敛的库切用了一个非常戏剧化的场景来描述他自己和母亲可能的对话。

"妈咪，妈咪，我中奖了!"

"太棒了，亲爱的。快来趁热吃掉你的胡萝卜。"

一、爱是创作的动力

以上生动的对话是库切对母爱的一种描写，她自豪于孩子的成就，但是她更关心孩子的身体，所以随时可能会做出让孩子觉得大煞风景的回馈。这样的母亲的形象在外省人三部曲与耶稣三部曲中交织出现。如果人们看一下《耶稣的童年》英国版的封面，再与库切摄影集里面他母亲的真实照片对比，会发现很多相似之处。库切的母亲也是有两个兄弟，就如同《耶稣的童年》里的伊内斯和她的两兄弟。对伊内斯的描述中，读者可以看到库切母亲的形象："随着岁月的流逝，伊内斯更多地回忆起过去在居留点的日子。她怀念打网球的日子，怀念游泳，还想念她的兄弟。"在现实生活中，库切的母亲在结婚生子之后，昔日单身生活的轻松、到海外旅游的潇洒都成了过去时，她要面临孩子的教育和家庭生活的压力。我们在库切的那本少年摄影集中可以看到库切母亲结婚前后照片的对照，少年库切镜头下的母亲，有时累得睡着了，有时陪着两个孩子读书，有时要去买柴米油盐。那个艰辛中的母亲的形象在他的镜头中，也深藏在他的脑海里。根据《J. M. 库切传》中的考据，"1987年3月6日，母亲去世后不久，库切开始为一本书做笔记，这本书最初计划的名称是《外省生活场景》，但在1997年最终出版时，书名定为《男孩》，不过英国版本把原有的标题用作了副标题。"2010年3月，库切的弟弟大卫去世，那一年，库切开始创作《耶稣的童年》。

　　《耶稣的童年》里，西蒙带着大卫寻找母亲，看似构建一个没有任何血缘关系的偶合家庭，但里面也有库切对母亲的定位。小说里有一个不可思议的情节是西蒙并不知道大卫的母亲应该长什么样子，但是他坚信，只要见到了，他马上就能认出来。而等到见到了伊内斯以后，他也非常神奇地成功劝说这位和大卫没有任何血缘关系的未婚女子离开自己的兄弟，承担起做大卫母亲的责任。耶稣三部曲中的母亲伊内斯面临着一个劣势，就是她没有做母亲的经验，但是小说中，她对大卫的爱从来没有被质疑过。西蒙在三部书中都是一直全力以赴地支持着伊内斯做一位好母亲。

该系列中的另一个可以从心理分析角度去挖掘的地方是伊内斯和西蒙之间微妙的关系。作为大卫的养育者，西蒙经常会被误认为是大卫的父亲、伊内斯的丈夫，但是西蒙都是一一反驳。他说他只是照顾大卫的人，而且他和伊内斯一直没有真正结合。书中显露的原因似乎是因为伊内斯有一个亲密的女性伙伴；她对西蒙的态度一般比较冷淡和严苛。而西蒙不论自己的状况如何，总是尽力从大卫的福祉去考量和行动。现实生活中，根据库切的小说和传记描述，他原生家庭的父母关系也如同伊内斯和西蒙之间一样的僵持。库切一直在替他的母亲鸣不平。他的母亲比父亲大8岁，不论是在精神世界的成熟度还是在家庭责任的付出上，他的母亲都处于强势，而父亲则一直处于弱势，是不太发声的一方。

二、亡者归来

哈罗德·布鲁姆在《影响的焦虑》一书中提到的一个概念——Apophrades，用来指后来的诗人受到先前诗人影响，通常被翻译为"亡者回归"。该词来源于希腊雅典城邦的历法，其中有一些日子死者的魂灵会回来，会影响生者。布鲁姆所讲的"亡者归来（亡灵再现）"，通常指的是诗人在他/她创作晚期，特别是要去世之前，明显展现前人（已经去世的诗人）对其诗篇创作的影响——这一次是

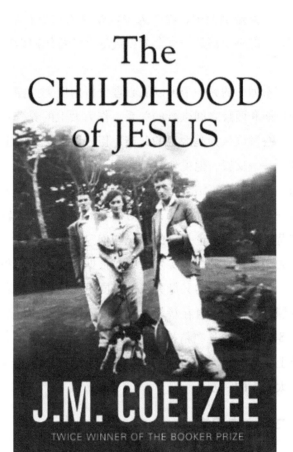

英语版《耶稣的童年》的封面。

有意而不是自然的行为。而这种刻意的行为造成了一种不可思议的效果（uncanny），即先驱者的作品似乎是后来诗人的衍生作品。他用这个词的时候是指诗人在创作技巧上向前人学习。但是对于阅读库切的两套三部曲而言，理解的侧重点可以放在死亡这个主题上。两套小说的结局都是主人公的死亡。《夏日》中是小说人物库切的死亡；《耶稣之死》中是大卫的死亡。不论是人物短暂的人生，还是功成名就、相对长一些的人生，里面都伴随着作者库切对死亡的一遍遍的思考，用布鲁姆的话来说，是"死者穿着生者的衣服，在那里言说，仿佛获得了更灵活的自由。"❶

　　这种对死亡的思考会让读者联想到海德格尔所说的"向死而生"。人的一生就在走向死的边缘，我们过的每一年、每一天、每一小时，甚至每一分钟，都是走向死的过程，在这个意义上人的存在就是向死的过程。面对无法避免的死亡，每个人都有一个共同的终极答案——"向死而生"，即生命意义上的倒计时法。在外省人三部曲中的《夏日》中库切的写作视角很值得注意，他把自己想象为一个死者，然后去创作。曾经这样尝试的另一位伟大的作家是巴西作家马查多·德·阿西斯。他在 1881 年出版的《布拉斯·库巴斯的遗书》中，让一个死去的主人公布拉斯讲述自己的人生故事。当然在《夏日》中，讲故事的不是死去的库切，而是一位虚构的传记作家。库切最幽默之处在于，与其死后让人们来八卦，他先自己八卦自己一番。关于文学创作，库切在《夏日》中通过人物马丁之口来表达他的观念："但我不感兴趣对库切做出最终判断。我不会写那种书。我会把这种最后的判断留给历史。我正在做的是讲述他生命中某个阶段的故事，或者如果我们不

---

　　❶　Harold Bloom. *The Anxiety of Influence* ［M］. New York：Oxford University Press, 1997：143.

第九章　外省人三部曲与耶稣三部曲的互文——从有界到无界

能达成一个故事，那就从不同的角度讲几个故事。""当然我们都是虚构事物的人，或多或少，我不否认。但你更希望拥有哪些：一系列来自独立视角的独立报告，然后你可以尝试将其合成一个整体；还是他的全部作品所包含的巨大的、单一的自我投射？我知道我更喜欢哪个。"库切就是从不同的角度讲述他想讲述的故事。

从某个角度上看，耶稣三部曲又是外省人三部曲的前传。年迈的库切重新思考人生，仍旧从童年开始，但是这次，他所处的位置不再是第三人称的"他——约翰"，而是第三人称的"他——西蒙"。结合库切的创作背景，笔者发现他不仅将那些故去的亲人通过文本创作的形式重新在文本中获得新的生命，比如他的母亲和她的弟弟，同时他也让人物的人生经历更加普遍化和抽象化，寓意也更加深刻。经过了人生阅历，走向暮年的库切带着一种反思来描述和思考一个人在社群中的成长。

三、代际冲突

耶稣三部曲中的大卫是一个孤儿，尽管有伊内斯和西蒙无私的照顾，他仍旧梦想成为一个孤儿，所以才到了一个孤儿院。这个孩子遇到的问题是许多孩子都会遇到的。他与众不同，他不能融入大众的教育系统，他对世界的理解有自己抽象的、独特的、个性化的理解；无论伊内斯和西蒙多么爱他和支持他，他还是觉得他们并不真正了解他，没有"认出"他来。"代际冲突"以及渴望认可是这套三部曲的主题。其实这也是库切小说中一直在关注的主题，从《内陆深处》的玛格达看她眼中的父亲，到《铁器时代》中的卡伦夫人渴望通过信件和子女交流，再到《耻》中露西与她父亲大卫·卢里的斗争；《八堂课》中儿子约翰与科斯特洛之间的交流，再到《彼得堡大师》中帕维尔与继父和作家本人的斗争。所有这些故事，与耶稣三部曲一样，都在展现着一种代际冲突的困惑、痛苦和绝望。当然，在外乡人三部曲的《男孩》中，主人公约翰与母亲的关系，呼应着耶稣三部曲中大卫与伊内斯的关系，即母爱是无微不至的，母爱也是令人窒息的。孩子需要独立自主地解决问题的机会，所以母爱在不被需要的时候，也需要适时退离。在这一点上，西蒙作为一种父亲的角色，他表现出来的宽容要比伊内斯更胜一筹，他不会自称权威，强势压抑大卫自由地思考。

笔者曾经在上一本关于库切的专著中设定一个章节专门介绍了库切作品和巴赫金复调理论的关系，也在本书前面的章节介绍了库切如何在作品中与其他作家进行复调式的对话。库切在耶稣三部曲中对复调对话的引用仍然体现在小说中没有主导的、中心权威的意识，因此不会有任何一方声称是真理或权威，有的只是争论的声音与对话。在笔者采访美国华裔作家谭恩美时，她提到自己对库切小说《耻》创作手法的欣赏。她认为，库切"可以毫无纰漏地讲述一个故事，叙述十分自然流畅。在这种清晰的叙述中，蕴含的是他非常深刻的智慧和历史观，还有对社会中那种根深蒂固的种族主义的理解。这些内容并不是被牵强地塞入故事之中。它们只是自然地出现在那里。故事的讲述也很直接，你会理解故事中这个人物和他的冲动。你可以看到人物的缺点如何指涉他所在国家的更大的社会问题，而这些无法解决的局面会源源不断地带来更多可怕的后果。他无法阻止自己的不良行为。小说可以具有颠覆性的力量，让人们看清楚世界的危险是什么：种族主义、暴力、矛盾、歪曲的意图、挽救人们同时摧毁他们的自我。拯救动物的人同时又是屠杀动物的刽子手。"❶

库切运用巴赫金概念的狂欢化精神，在耶稣三部曲中继续将他对人生的观察与思考放置在小说中的各个方位，让读者自己去辨别和寻找意义。西蒙，大卫，德米特里，伊内斯，孤儿院的院长，大卫的老师，每个人带着各自的观点，形成众人齐聚的"狂欢化"场面。小说中没有美好战胜邪恶，没有非黑即白的观念论断，没有主人公的宣教，有的仍然是人物之间平等地对话，甚至争论。作家只是一个叙述者，不是一个法官和先知。库切在他的作品中不会使用什么都知道的语调，他的目的是和读者一起通过故事寻找对世界更深刻的理解。

对于大卫成长的复杂过程，库切也用了一种探寻的视角。一种阅读方式是通过故事思考大卫的人生如何回答三大哲学问题：我是谁？我从哪里来？我要到哪里去？作为一个孤儿，他不知道自己的亲生父母是谁，他没有名字，没有出生日期，也不知道故乡在哪里。他带着一种圣子的

❶ 谭恩美，王敬慧. 关于小说创作的"意图"——美国华裔作家谭恩美（Amy Tan）访谈［N］. 文艺报，2022－09－02.

光环，尽管有伊内斯和西蒙的照顾，但是仍旧要放弃这种舒适，置身于孤儿院中，成为孩子们的精神领袖。而这个带着圣迹的孩子却得了不治之症，没有人能够医治好他，最后他孤独地死在医院中。关于大卫的故事有很多的含混不清，他确实不知道自己从哪里来，到底是谁，要到哪里去，那到底该怎么活着？存在的意义又是什么？大卫的死亡以及无数的谜团和不解都不能满足喜欢完满结局读者的心理预期，所以耶稣三部曲并不讨好读者，被读者接受度甚至比之前的外省人三部曲低。但是这种创作的方式也正是它可以成为经典佳作的原因。作者在展示一种纯粹的生存状态，在这种状态中，人们可以重新思考数字、金钱、舞蹈、工作的意义，没有血缘关系的人也会无私地去爱一个需要关爱的孩子。

代际冲突在耶稣三部曲中的表现是大卫要摆脱他觉得不理解他的西蒙和伊内斯，但是随着故事的发展，读者可以看到，他也并没有从自己所信任的孤儿院院长等人那里得到真切的照顾。大卫急于摆脱西蒙与伊内斯的行为，就和无数渴望成人，但又被阅历和成熟度所局限着的青春期少年一样，很多时候急于求成，结果却是南辕北辙。那么这是不是可以说，一个人在努力摆脱依附的过程中也会失去判断能力，也会犯错呢？小说给读者的一种思考与发现是：生命的过程是克服依附，走向独立的过程，但是克服依附不是拒绝依附。每一个个体在走向独立和达致超越的过程中，充满了艰辛、挑战和不可预料的难题，这是人类面临的相同的关于存在的挑战。

第十章 《等待野蛮人》
——从小说到电影

比较文学是一门跨学科的研究，其核心是提供比较的视角，或者思维态势，其前提就是对差异的承认。本章节继续以文本研究的方式来例证如何用跨文化研究的视角进行比较文学与文学异质性的探索，所选取的文本是库切的《等待野蛮人》。在文本分析之前，笔者先从词源学的角度分析一下什么是"文学"。文学作为语言文字的艺术，是文化的重要表现形式，与文化一样，它是一门探究关系的艺术。《说文解字》中说"文"为"错画也。象交文。"作为一种文字言说，不论是表现人物内心，还是再现一定时期或地域的社会关系与生活，它都是在关注一种关系，或者说是天地人三者之间的关系。在关系的类型中基本包含两种：一是人与天地自然的关系，二是人与人的关系（其中也包括人与自我的关系）。在对待文学文本，特别是来自异域文学的态度上，不同的人有不同的态度，一种是欣赏地认同，一种是厌恶地排斥。比如1827年，歌德看到辗转到欧洲的中国小说文本时，尽管那并不是中国的经典作品，但是他没有排斥，进而创新地提出了"世界文学"的观点。本章所引为例的小说——《等待野蛮人》则从反方面演绎了异质性文学"蛮"性形成的可能性及过程。

一、从《等待野蛮人》文本思考异质文学的"蛮"性

在《等待野蛮人》中，来自第三帝国的官员认为边疆小镇将要受到野蛮人的攻击，开始大肆驱赶和打击边境上的原住民。在这个过程中，老行政长官从帝国体制的支持与维护者逐渐转变为批评者。他在边境野蛮人领地的亲身生活经历以及他在那里得到的野蛮人女孩的帮助让他重新审视所谓的"野蛮人"与他们的文化。经过比较之后，他对自己原来所处的帝国文化有了新的认识，他对其霸权主义与统治手段发出批判："帝国注定要存在于历史之中，并充当反历史的角色。帝国一门心思想的就是如何长治久安，苟延残喘。在明处，它到处布下他的爪牙，处心积虑追捕宿敌；暗地里，它编造出一些假想敌：城邦被入侵，民不聊生，尸骨遍野，赤地千里，并以此来巩固自己存在的合理性。"[1] 小说的最后，边疆小镇的居民在惴惴不安中等待着那些已经被第三帝国激怒的野蛮人的到来。那状态就如同贝克特笔下的《等待戈多》，尽管"他并没有说一定要来"，但是他们却"必须等待"。应该说，该书引发的谁是野蛮人的问题与比较文学异质性问题的研究殊途同归，它让我们再次反思"蛮"性很可能是人为臆造产物的

[1] J. M. Coetzee. *Waiting for the Barbarians* [M]. Harmondsworth, Eng.: Penguin, 1980: 131.

第十章 《等待野蛮人》——从小说到电影

可能。

在现代汉语中，"野蛮"带有贬义的含义，但是研究"野蛮"语义的发展历史，不论是英文还是汉语，其原始生成含义并非如此，其贬义化的过程体现出了人类对异质性事物的本能恐惧与贬低。在英文中，"野蛮"是"Barbarian"。这一英语词汇最早可以追溯到公元14世纪，在拉丁语中，其词形是"barbaria"，在希腊语中是"barbarous"，词汇含义是"外国的""来自异域的"。同时在希腊语中，还可以找到名词词性的"barbaroi"，泛指"所有不是希腊人的人"；到了1610年，字典中开始记录其贬义的含义"野蛮、粗鲁的人"。该英语词汇意思的变迁，可以看出，在古希腊、罗马帝国时期，"文明"的希腊人或罗马人，自信于自身的文明优势，逐渐将与其不同的异质文化贬义为"野蛮的"。❶ 无独有偶，在汉语中，"蛮"这个字在形成之初本意也非"野蛮之意"。"蛮"的繁体字是"蠻"。《说文解字》中有介绍"南蛮、北狄，东夷，西羌"的来历："南方蠻閩从虫，北方狄从犬，東方貉从豸，西方羌从羊……唯東夷从大。大，人也。夷俗仁，仁者壽，有君子不死之國。"❷ 此引文说明，"蛮"只是用来形容在南部区域居民的生活特点，因为南方是多蛇虫出没之地。但是在词义演变过程中，它的含义逐渐演变成可以被误读为"用绳索束缚的野蛮之性"。而处于东方的"夷"

---

❶ https：//www.etymonline.com/word/barbarian［2017-6-12］.

❷ 许慎. 说文解字［M］. 上海：上海古籍出版社，1978：282.

"从大从弓。東方之人也。"似乎东方国度的自我形象完全是伟岸的，没有任何贬义，这里面体现着在不同文明的对话中，文明的持有者会倾向于美化自我、丑化他者。

那么"文明"的东西，就一定是永远文明进步的吗？库切小说《等待野蛮人》中关于故事叙述者——老行政长官对"太阳眼镜"的观察具有深刻的寓意。

> "我从未见过这样的东西：两个圆圆的小玻璃片架在他眼睛前的环形金属丝上。他是盲人吗？如果他是个盲人想要掩饰这一点，我倒可以理解。但他并不瞎。那小圆玻璃片是暗色的，从里面看出来并不透明，但他就是能透过这样的玻璃片看过来。他告诉我，这是一种新发明的玩意儿：'它能保护眼睛，免受太阳的强光照射，戴上它就不必成天眯缝着眼。也可减少头痛。'瞧——他轻轻触一下自己的眼角，'不长皱纹。'他重又架回那一对玻璃片。这倒不假，看皮肤他真比他的实际岁数显得年轻多了。'在我们那里，人人都戴这玩意儿。'"❶

对于观察者老行政长官而言，关于"太阳镜的功用"的判断经历了至少三次变化。最初，他觉得这是盲人带着用来帮助掩饰自身缺陷的用具，在佩戴者解释了其作用是保护眼睛不受强光照射、少生皱纹后，他也觉得佩戴者确实看着很年轻，而后到了第三自然段，在陌生的室内环境

---

❶ J. M. Coetzee. *Waiting for the Barbarians* ［M］. Harmondsworth, Eng.: Penguin, 1980: 1.

里，佩戴者因为坚持不摘下太阳镜而在室内磕磕绊绊地行走时，观察者明确感受到了这一新鲜物件在某些情境下可能是碍事的。在这三个关于太阳镜功用的判断中，太阳镜这个文明世界的新发明被赋予了新的象征意义。它象征着整个人类文明可能遭遇的不同境地：它可能不被理解，可能被膜拜，也可能被发现是无所适从的。对于来自异域的文学，读者也会有类似的反应——因为不熟悉而盲目美化，抑或因为不熟悉而盲目丑化。在这个时候，比较文学研究的优势显现出来。它持有一种异质互补的思维态势，在接受文学异质性的同时，也在促进阅读主体逐渐消解本国民族文学的中心主义，形成一种共情态度。所谓共情就是能够设身处地地体会他者与己不同的经历和感受，能够在情感上形成共鸣。这是当下多元文化主义和谐发展的必要因素。纵观当下出现的冲突，多源于不同文化归属之群体的无效沟通。来自不同区域与文化背景的人，必然有不同的价值标准。正是因为缺乏共同的背景，所以容易对他者的世界观和价值观缺乏理解与宽容态度，才会导致沟通的无效，甚至陷入战争。所以说，比较文学的"和而不同"首先认同了不同文化之间的差异，只有这样才能为共情找到方向和切入点。

二、去"蛮"性与多元文化视角

继续分析上文中老行政长官对太阳镜所做的观察和思考，我们从中看到了一个值得学习的多元文化视角。这体现在三个方面。第一，他承认差异的存在。老行政长官能够接受这个戴在对方眼睛上的新装置是陌生事物。如果深入分析老行政长官将眼镜看作是盲人所掩饰用的物件的根源，这里体现了对异质的恐惧。从心理学上讲，恐惧的本质是对不可预见的异质所做出的本能反应，它的本源在于对于新生事物相关知识的匮乏，也就是说，一个人因为不知道，所以会本能地假想自己是知道的，并从一种高高在上的角度，尝试俯视判断以弥补对新鲜事物无知所带来的心理落差。作为一个视力良好者，老行政长官首先是将对方想象成可能是因为视力缺欠而佩戴眼镜的。但是，他也能够很快积极接受异质性事物。当对方告诉他这个装置可以遮阳，他对此信息积极吸纳，并能够摒弃自己原有的偏见，消除自身的认识局限，看到这个装置的益处——让人少皱纹。第二，他并不急于表述自己的观点。比如当他看到该官员带着太阳镜，在房间里走路磕磕绊绊的时候，他并没有马上指出这个问题。当然，这里面涉及了有效沟通的干扰因素。老行政长官之所以不能坦诚相告，是因为对方是来自第三帝国的官员，上下级的关系成了一个干扰因素让他不能畅所欲言。但是此实例表现出老行政长官比较注重观察，而非表达意见。第三，这一交流过程，值得强调的最重要的一点是，他从对方的角度考虑。比如，对于这个新的装置，从始至终，老行政长官都努力从对方的角度去考虑。所以，关于太阳镜的作用问题，不论是帮对方掩饰、还是让对方不长皱纹、抑或影响对方在室内的行走，他都是站在对方的角度评判这一新鲜物件。

在他们的交流中，我们看到双向沟通的重要性。关于新鲜事物的作用，如果老行政长官不与第三帝国派来的官员进行对话，他将永远处于猜测状态之中，也就无从了解其真正作用。这说明沟通是一个相互影响的交互过程。它需要信息发出者与信息接收者就信息本身做彻底的沟通。从某个角度来说，老行政长官与第三帝国官员对此沟通并不完全彻底，因为有效的沟通需要双方都参与且进入对信息的解码与编码过程。而老行政长官在了解了太阳镜的功能之后，并没有坦率指出在阴暗的室内环境，可以摘下太阳镜的这个观点。

同样在这部小说中，我们可以看到人类的野蛮：来自第三帝国的长官在讲他们如何开车狩猎，将成群的鹿、熊和野猪杀死；老行政长官也会讲当地人如何设计陷阱去扑杀迁徙至此的野生鸟类。这些行为并不是出于人类的求生需要，只是为了满足人类猎杀动物的快感，它们体现的是人类残暴的野蛮。关于人类与自然界的关系，在小说中，有这样的情节展现：老行政长官耐心地向刚来到边疆驻扎的年轻军官解释边疆移民与当地原住民以及自然之间的潜在关系。他告诉这些驻扎官员，这片土地是帝国的殖民者从这里的原住民手中抢来的，并建立起来他们所谓的文明世界。但是在他们建立了文明世界之后，这里的自然环境在不断恶化。看到军官不赞同的神情，老行政长官说："你觉得可笑？——湖水正在逐年变咸。——野蛮人知道这事。他们时时刻刻对自己说，'耐心等一等，总有一天他们的庄稼会因为盐分太多而枯萎，那样他们就不能养活自己了，他们就不得不离开这里。" 库切笔下人物这种从殖民地原有文化出发，提醒第三帝国殖民者注意自己的思维误区，实际是在解构帝国文化的殖民主义与霸权主义，也是在警示人类小心业已形成的根深蒂固的自我为中心的观念，剖析貌似劣等文化中的被忽略之处。

研究《等待野蛮人》的多元文化视角，同时我们也可以带着多元文化视角来研究这部作品本身的异质同构性与巧妙置换性。比如这部小说从创作过程看，本来可能是一个与亚洲的中国有关的故事。根据澳大利亚作家兼学者尼古拉斯·周斯（Nicholas Jose）的研究，当库切在1977年9月首次开始创作此书时，他写的版本和我们最后读到的正式出版的《等待野蛮人》有很大的不同。该书曾经有三个创作手稿。在1977年的手稿中，蒙古因素很浓厚，多处迹象表明，小说中的女主人公——野蛮人女孩，可能是一位来自丝绸之路的楼兰区域的裹着三寸金莲的小脚女子，最初小说人物长途跋涉的交通工具是骆驼，而不是后来的马。在1979年的手稿中，题目直接就是《中国故事》。另外，野蛮人女孩所养的宠物最初是猴子，但是后来被改作狐狸，部分原因是库切受到他阅读过的《聊斋志异》类狐仙与书生故事的影响。直到该书最后出版，尽管库切已经修改了其中多处有关中国或者说中亚风情的元素，但是在野蛮人女孩饲养的宠物类型这一点上，他还是没有将其改

① J. M. Coetzee. *Waiting for the Barbarians* ［M］. Harmondsworth, Eng.：Penguin, 1980：50.

变为欧美或南非风格的宠物。因为如果是那样的风格，那么典型的宠物应该是狗或者是猫等，宠物狐狸的选择让这本书仍然具有强烈的中国元素。总之，尼克·周斯的该篇文章通过对《等待野蛮人》的手稿细读与详细研究，进一步例证了一部优秀文学作品的形成不一定会拘泥于某一个特定区域，它在有形中或者无形中，都可能会涉及多元的因素，关注的是人类可能所共有的问题。比如，该书的美国版本在书封页印着评论家伯纳德·莱文的话："库切先生看到了所有社会中的黑暗之心，读者逐渐地明白了他想谈的根本不是政治，而是探究我们每个人内心中潜伏的兽性。"❶ 这是对库切这部带着多元文化背景所创作的作品的异质同构性与巧妙置换性做出的非常中肯的评价。也是这个原因，此作品适合于非政治化的社群解读。

三、编剧 J. M. 库切与他的电影《等待野蛮人》❷

除了作家身份以外，J. M. 库切还有过其他几种身份，如高校教师、文学评论家、语言学家和译者。随着哥伦比亚导演西罗·格拉所拍摄的电影《等待野蛮人》在 2019 年的上映，人们又发现了库切的一个新身份——电影编剧。为了不让自己的作品被改编变形，库切决定自己来担任编剧，亲自操刀将其改写成电影剧本。在观众看来，这

---

❶ Bernard Levin. Review of *Waiting for the Barbarians* [N]. London Sunday Times, 1980–11–30.

❷ 此章节内容曾发表于《文艺报》，2020 年 9 月 15 日。

部电影给人的印象是优美的取景和大牌的演员：《剪刀手爱德华》和《加勒比海盗》里的约翰尼·德普，《暮光之城》里的罗伯特·帕丁森，还有演过无数莎剧人物的老戏骨马克·里朗斯。但是，如果读过库切的同名小说，人们就会感觉到这部电影幕布之后还有影子在晃动，那就是 J. M. 库切。这部电影的风格和库切本人的特点非常相似，对话少而精，场景展现内敛，观众需要更多关注人物的眼神和观察事件发生的环境，自行思索和延展故事的寓意。

其实这部小说并不非常适合改编成电影，但是作为20世纪最值得读的小说之一，《等待野蛮人》问世40年来，已经多次被书迷改编成戏剧搬上舞台，有歌剧的形式，也有话剧的形式，但是改编成大银幕商业电影，这还是第一次。严格地说，库切的这部小说不适合改编成电影，首先，它是篇幅很短的寓言体小说，全书只有100多页，讲的就是一位小镇的行政长官的边境管理经历：一个无名之人在无名之地，被来自无名帝国的上校，假借国家安全之名，挑起与边境游牧民族的争端，最后打不过游牧民族的上校而脱逃，留下帝国的民众陷入灾难与恐惧之中。小说没有跌宕起伏的情节，也没有丰富的剧情，它的寓意在于引发谁是"野蛮人"的思考——真正的野蛮人是不从他者角度思考的人，是不能尊重差异的人。小说也没有硬汉形象的主人公，会让导演拍出那种可以抓住观众眼球的好莱坞式电影。其次，这部小说既不是悲剧，也不是喜剧，不仅主题很厚重，主人公对责任、道德、暴力、仇外心理、殖民主义等抽象内容的思考多以内心独白的方式来表现。

第十章 《等待野蛮人》——从小说到电影

还有许多自省式的、抽象化的哲学思考很难用影像来展现。在小剧场演出里，演员还可以借助独白、与观众近距离的优势以及剧场氛围来吸引观众；但是要放入一个90分钟以上的电影中，这对观众持续的专注力和悟性是一个考验。最后，帝国实施的酷刑审讯所涉及的人性的丑陋面远比电影画面所能展现的要邪恶得多，或者我们可以说，这种邪恶是永远无法全面展现的。因为这样的一些思考，所以几年前听说这部小说将要被拍成电影时，笔者充满了疑问与好奇。

一路追踪着这部电影的发行和推广，笔者发现，它已经被电影市场所裹挟。小说中的主人公本来是老行政长官，但是在电影发行中，我们看到的海报是三人组合版：马克·里朗斯饰演的老行政长官在中间，两边是约翰尼·德普饰演的乔尔上校和罗伯特·帕丁森饰演的军官曼德尔。更有甚者，在一些影片推广介绍中，主要演员只列出约翰尼·德普和罗伯特·帕丁森（可能因为他们更被电影市场所熟知，也可能因为老行政长官这个角色是没有名字的），所配的剧照是科尔上校雄赳赳地站在前面，老行政长官羸弱地跟在后面。在笔者看过的四场电影放映前的记者发布会中，被频频提问和回答问题的主角也都是约翰尼·德普。这让人不禁担心电影拍出来，老行政长官的角色是否会被弱化。

带着"希望导演关注无名的老行政长官"的期望，笔者最终看过了电影，担心也一扫而光。老行政长官的扮演者马克·里朗斯的演技如此精湛，他成功地用自己的表演将观众的目光吸引过来。作为曾经的伦敦莎剧全球剧场的艺术总监，他也曾在多部莎士比亚戏剧中饰演主要角色，比如哈姆雷特、罗密欧、班尼迪克和亨利五世等，在影视圈属于真正的演技派。在这部电影中，看他所扮演的好人如何被邪恶的世界吞噬，善意与合作如何被看成懦弱与背叛，如何被警官曼德尔和科尔上校折磨、嘲笑和凌虐。马克·里朗斯成功地演绎出那种拒绝被打败的坚韧，以及最终不计前嫌地带领边境定居者度过磨难的宽容。观影的过程中，笔者也暗自庆幸，多亏电影由库切本人来编剧，这样确实保留了小说中那些闪光点，甚至还有许多令人欣喜的增色之处。

电影为小说增色之处的第一点是关于对乔尔上校所戴的太阳镜的寓意展现，这是小说中希望引发什么是"文明"的关键思考点。小说中，老行政长官看到乔尔上校在室内带着太阳镜，以为他是盲人的心理活动，在电影中被库切改编到了另一场景中。老行政长官陪着乔尔上校到监狱里询问两位游牧民犯人，犯人错愕地看着戴墨镜的上校，老行政长官得以向乔尔解释，这两个犯人可能以为他是盲人。通过这样的巧妙改编，库切将老行政长官的想法用语言的方式呈现出来。

第二，关于通过给少女洗脚来得到心理救赎的呈现。看到女孩被打伤致残的脚，老行政长官端来一盆热水，在柔和的光线下，慢慢地给女孩洗脚，然后沉沉地睡去。通过画面呈现，洗脚的救赎作用比小说中的更容易让人理解。此外，在小说中，老行政长官与女孩之间是有性行为的，但是在电影中，没有此类情节或者镜头，编剧库切似乎希望强调女孩给老行政长官带来的是更为纯粹的精神救赎。

第三，关于看客从众心理的展现，电影版本的声效与影像更能引发思考。民众旁观野蛮人俘虏被鞭打，尽管没有仇恨或杀戮的欲望，但是仍旧围观和拍手称快。一个小女孩被给予了一根棍子，她拿起来去击打俘虏。然后扔下棍子跑回欢呼的人群中。这个挥起棍子的小女孩，还有周围的看客，他们是被鼓动和煽动的人，不知不觉中陷入了一种不需担责的癫狂中，然后将非法的恶行（击打一个无辜的人）合法化。在整个事件发展过程中，我们也曾看到这个女孩表现出的迷茫和窘迫，但是群体的鼓动让她失去了自我反思的能力。另外一个电影化的展现让原有情节更有感染力的地方是帝国对老行政长官的惩罚片段。他们认为他私通野蛮人，犯了叛国罪，给他穿上了女人的花裙子，吊到了树上，逼他认罪，周围还是那些拍手称快的人群。场景里的那群人不知道，到故事结尾处，他们将被帝国的士兵抛弃，他们还将需要老行政长官施展人性的光芒。假设我们也在这人群之中，我们会怎样？

四、库切对小说的新旧思考对比

库切本人改编这部电影，除了不希望小说被随意篡改以外，应该还有一个想法，就是重新考量自己的旧作。毕竟这是一本40年前创作的小说，多年后的库切有机会将更多新的思考融入电影剧本之中，将故事的时间、地点和事件发展做了更清晰的界定。

　　库切在电影中用了四季的节奏框，顺序是夏季、冬季、春季和秋季。镜头开始主标题是"夏季"，次标题是"上校"，远处是一望无际的沙漠景观，还有更远处的雪山（电影的大部分取景是在摩洛哥和意大利完成的）；近处是带着太阳镜的乔尔上校。这位来自帝国的国家安全部门的上校认为边境的游牧民族想要制造麻烦，所以前来调查。第二章节是"冬季—女孩"，讲述老行政长官与野蛮人女孩的相识与交流。第三章节是"春季—回归"，内容是如何将女孩送回她的部落。最后的第四章节是"秋季—敌人"，到底谁是敌人，库切不再用小说中那句复杂的表述："帝国注定要存在于历史之中，并充当反历史的角色。帝国一门心思想的就是如何长治久安，苟延残喘。在明处，它到处布下他的爪牙，处心积虑地追捕宿敌；暗地里，它编造出一些假想敌：城邦被入侵，民不聊生，尸骨遍野，赤地千里，并以此来巩固自己存在的合理性。"编剧库切让老行政长官说的话很短："就我所知，我们没有敌人。除非，我们自己就是那个敌人。"这样的表述简洁明了，让观众直奔主题，思考自身在人生命运掌控中的主体性。

　　关于人与自然以及社会之间的关系，一直以来我们都知道，自然环境和社会体制为人类生存发展提供着所需要的各种物质、能量和信息。甚至柏拉图和亚里士多德都认为人的性格与智慧由他所处环境的气候状况来决定。或者说，地理环境影响着国家环境与文化环境，进而也影响着个体的文化和价值观念。那么，似乎人类只有顺应这种自然环境和社会的发展规律才能够延续下去，避免面临生存的困境问题。但是，在这个过程中如何发挥人自身的主体性？这是库切在小说和电影中一直在倡导人们思考的问题。作为网状社群中的个体，人的存在必然受到社会结构规范的制约，个人的自由也会被社会规范、伦理道德和法律制度、社会观念意识以及共识所决定。但是，在个人的生活方式和行为适应整个社会框架的同时，也应该有自我的选择、有自己的智慧与主动性。库切用了一种反向思考，通过这简洁的话语来强调，人其实没有敌人，如果非要有，那就是自己。因为人只有超越自己，时刻变得更好，这才是人生的一种健康和有前景的发展道路。

关于故事发生的地点，前文介绍过，在小说创作初期，库切将女主人公——野蛮人女孩设定为蒙古族女子。这次电影中真的找了一位蒙古族的女子来饰演这个角色。演员是蒙古国女模特加纳·巴亚塞汉，这也是她首次在电影中担任主要角色。另外，当老行政长官最后见到女孩的族人时，女孩和族人交流使用的语言是蒙古语。笔者不禁想起，在该书1979年的手稿中，库切选定的书名是《中国故事》。不知道编剧库切是否曾经考虑回归到这个思路，如果是那样，这部电影拍出来又会是什么样的呢？

关于野蛮人是否会到来的问题，小说版和电影版也有些许差异。小说《等待野蛮人》可以说是库切版的《等待戈多》。在这两个文本中，不论是边境居民所等待的野蛮人，还是流浪汉所等待的戈多，最终都没有到来。两者的寓意都是说：在荒谬的世界里，人生毫无意义，只有痛苦与绝望的等待。但是在电影版的《等待野蛮人》里，库切略微改变了等待的结局。在电影结尾处，在立着稻草人士兵的城墙上，老行政长官看到了远处尘土飞扬，游牧民的马队黑压压涌来；而在此之前，他刚刚看到嬉笑玩耍的孩童和那位美丽的蒙古族女孩。一边是边境居民本可以享受的平静幸福的生活，一边是帝国缔造的敌人的威胁，关于个体生存的隐喻层面，库切的态度依旧，但是背景和寓意更为明确和形象化。

到底谁是野蛮人，野蛮人与文明人的关系如何界定？这是研究库切社群观念的一个重要主题。从《等待野蛮人》这部电影中，我们可以再次看到野蛮人的缔造者最后也会成为牺牲品。在电影的开首，乔尔上校指控来小镇找药治病的游牧民叔侄两人是偷羊贼，指使士兵实施酷刑将叔父打死，逼迫侄儿承认偷羊，承认野蛮人在准备发动对小镇居民的袭击。而到了电影的结尾部分，真正在边防小镇明目张胆偷羊的却是打不过游牧民、要落魄逃跑的帝国的士兵与乔尔上校本人。那些之前还道貌岸然地审讯所谓偷羊贼的士兵，现在成了名副其实的偷羊贼。而这些盲目地将游牧民族树敌为野蛮人的第三帝国的官兵们，他们可能从来没有意识到自己是牺牲者。他们同真正的牺牲者——被打压的边境游牧民族和老行政长官等人的区别是：前者憎恨并坚决地拒绝承认自己是牺牲品，而且他们还必须把其他人变成牺牲品以维持自己的合理存在。在小说中，坚定地保持着自己的独立思考和善意的人是老行政长官，他，与伊丽莎白·科斯特洛、雷蒙德、西蒙等库切笔下的人物一样，坚韧地保存和实施着自己对周遭的善意。一个健康的社群首先让被迫害的人能认清施暴者的真面目，这样才不会被同流合污；一个健康的社群不会鼓励以暴制暴，而是鼓励像老行政长官这样的人，尽管曾经被群体抛弃、折磨和侮辱，但是最后在群体孤立无援的时候，他仍旧会不计前嫌，挺身而出，因为他深知，以暴制暴的机制并不会让施暴者中的盲从者完善自我同情心，只有善意与爱才能帮助这些盲从者找到回归人性的道路。

在这部小说里，小镇的人民本来过着安居乐业的生活，是第三帝国为了巩固边疆蛊惑臣民，将边境的游牧民族塑造成野蛮人，强加摧残，最后将他们催化成要回来报复敌人。关于野蛮人是否会到来的问题，小说版和电影版也有些许差异。小说《等待野蛮人》可以说是库切版的《等待戈多》。在这两个文本中，不论是边境居民所等待的野蛮人，还是流浪汉所等待的戈多，最终都没有到来。两者的寓意类似：在荒谬的世界里，人生只有痛苦与绝望的等待。但是在电影版的《等待野蛮人》里，库切略微改变了等待的结局。在电影结尾处，在立着稻草人士兵的城墙上，老行政长官看到了远处尘土飞扬，游牧民的马队黑压压地涌来。而在此之前，他刚刚看到嬉笑玩耍的孩童和那位恬静美丽的蒙古族女孩。一边是边境各族居民本可以享受的平静幸福的生活，一边是帝国缔造的敌人的威胁。电影中，关于个体生存的隐喻层面，库切的态度依旧，但是背景和寓意更为明确和形象化。这里又回到了库切奉献给这部电影的主题句：我们没有敌人，如果有，那就是我们自己——当我们不从他者角度思考，不能尊重差异，我们就是野蛮人，我们就是自己的敌人。

米勒在《社群的爆燃：奥斯威辛前后的小说》中说卡夫卡的作品是有预见性的，因为它们"预见了浩劫"[1]，笔者同样认为库切的作品也有这样的作用，他让我们时刻警惕权利的傲慢和霸权独裁的危险。库切从外形看是文质彬彬的君子，他的作品也可以用"文质彬彬"这个词形容。《论语·雍也》中，当孔子说"质胜文则野，文胜质则史，文质彬彬，然后君子"，初始也是与文本有关的。库切的小说是在"文"和"质"中找到一种均衡，他一直在对人性进行着不懈的追求；同时，他不会借用浮夸讨巧的情节来吸引读者，这也是为什么库切的耶稣三部曲并不被许多读者所欣赏，电影《等待野蛮人》也不会有很高的评分，但是他用自己"文质彬彬"的作品关照着这个世界，提醒我们真正的文明应该是对生命的尊重和对自然的敬畏。《等待野蛮人》里面的故事在任何时代都有可能发生，它既重复着过去，也预示着未来，甚至在我们不知不觉中，就发生在当下。

本章节只是对《等待野蛮人》的多元因素做分析，实际上，多元文化的视角非常适合分析研究库切的诸多文学作品，比如此处涉及的一个可能性，就是我们也可以像库

---

[1] Hillis, *The Conflagration of Community*: *Fiction before and after Auschwitz* [M]. Chicago: University of Chicago Press, 2011: 41.

切分析和欣赏文学评论的方式那样，不必局限于文学本身，而是放眼文本以外有多重的跨学科、跨国界的因素，对其作品与创作进行进一步的探讨。库切的创作也一直体现了他的多元文化的视角，通过不断变换的"万花筒"般的小说空间场域，他关注各种社群，特别是被边缘化的弱势群体，比如旧时殖民地的居住者、来自不同区域的移民、监狱中的犯人，处于弱势的老人、妇女和儿童，也包括动物。正是通过这样多元文化的视角，库切用他的作品告诉我们，用包容的态度去理解不同的社群、不同的文学、不同的文化，也包括理解可能出现的不同的个体自我，才可能真正达到去"蛮"性。人类进步的障碍和对他者"蛮"化的定义来自自身对差异的不了解与恐惧。库切作品中的大多数人物都处于困顿之中，而根源就在于人们对于国家、种族、文化背景和意识形态差异的恐惧。库切用其作品强调，差异是必然存在的，坦然地面对差异、承认并尊重差异性，这是合作的前提。在接受差异性之后，人类才能够有能力运用共情的手段，形成爱的社群。关于这一点，《等待野蛮人》的情节发展清晰地展现了其发展路径。库切在他的文学作品中，是以老行政长官那样的"同理心"态度来创作的。这种"同理心"是一种能力——能够理解他人感情的行为或能力，正是源于对这种同理心的真正把握，库切能够自然而然地呼吁人类对自然界与动物多一些尊重。在他看来，善待动物与自然不仅仅是利他的，更是利己的。因为只有善待动物、理解与接受差异，人类才可能学会善待人类，才有可能消除任何其他形式的、与平等相对立的霸权、暴力与战争。在全球化不可逆的大潮之下，深入理解多元文化的内涵，用比较文学的思维态势，清除非黑即白的态度的认知习惯，包容差异，合力建设成熟的文学多元社群，让不同观点成为新创造的契机而非导致恐怖主义的借口。

下篇　库切——其同道

1. 库切写过数百篇文学评论文章，出版于各种期刊，特别是《纽约时报书评》和《纽约书评》。这些文章展现了他的文本细读能力和对作家与作品背景的综合关照，也体现了他作为作家式批评家对同行创作深刻的洞察力。

2. 库切所写的论文主要集结在他的 6 本文论集和 2 本对话录之中。

3. 本书也将库切与其他作家并置，比较分析他在作家共同体中的风格与特点。

第十一章　库切文论中的同行

　　库切的小说都已经在中国大陆翻译出版，对于他的作家身份和所写的小说，大众比较了解和熟悉。但是他的另一个身份——文学评论家，并不为很多人所关注。其实作为在大学教授文科课程的教师，几十年中，他写过数百篇文学评论文章。这些文章最初发表在南非的学术期刊上，然后逐渐扩展到世界范围。他在《纽约时报书评》（*New York Times Book Review*）以及《纽约书评》中发表的书评展现了他的文本细读能力和对作家与作品背景的综合关照，也体现了他作为作家对同行创作的深刻洞察力。

　　这些评论文章主要集结在他的 6 本文论集中。它们是：《白人写作：南非文字文化》（*White Writing：On the Culture of Letters in South Africa*）、《双重视角：散文与访谈集》（*Doubling the Point：Essays and Interviews*）、《冒犯：论文字审查制度》（*Giving Offense：Essays on Censorship*）、《异乡人的国度：1986—1999 文选》（*Stranger Shores Essays 1986—1999*），《内心活动：2000—2005 文选》（*Inner Workings：Literary Essays，2000—2005*）和《晚期文集：2006—2017 年》（*Late Essays：2006—2017*）。这些文字既包含了他对经典作家的关注，也有许多并不为大众所知的

边缘性作家，特别是一些当代年轻作家。库切文论创作笔法繁简得当，他会采用传统的新批评式写法，在需要文本引用的地方绝不吝啬，也会运用小说创作中常用的极简笔法，像百科全书介绍一样，提纲挈领地介绍主题作者与作品。

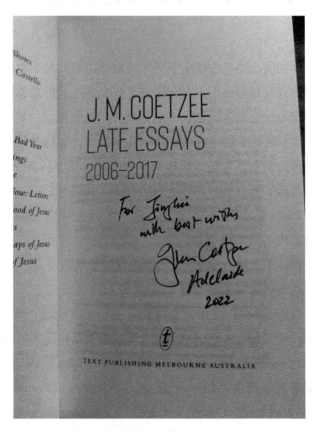

库切送给笔者的澳大利亚版《晚期文集：2006—2017 年》。

在近些年，库切更喜欢以对话体的形式与其他作家学者交流，其中比较典型的作品有：他与美国作家保罗·奥斯特（Paul Auster）一起出版了两人在2008—2011年的书信集《此时此地》（*Here and Now*）（2013）；与英国心理学家阿拉贝拉·科茨（Arabella Kurtz）一起出版了他们的交流记录《好故事：关于真实、虚构与心理治疗的交流》（*The Good Story*：*Exchanges on Truth*，*Fiction and Psychotherapy*）（2015）。这两本书以对话的形式展现了他的思想和兴趣点。它们也可以被看作是另一种形式的传记，文本中包括有关各种生活琐事、社会现象、文化人物，以及他与其他作家直言不讳的观点交流，对话中常常碰撞出智慧的火花。特别是《此时此地》一书，这题目让人联想起澳大利亚土著人的一个谚语："我们只是此时此地的访客，我们只是路过，我们来这里的目的是观察、学习、成长和爱，然后我们（离世）归家。"

许多读者习惯于通过作品来了解作者想要表达的情感与思想，对于像库切这样的诺贝尔文学奖与布克奖双料得主作家，当然更倾向于阅读他的文学创作。但是，库切与其他许多作家不同，他除了是一位文学作品的创作者，还是一位知识渊博、阅读广泛且写过大量文学评论的专业学者。通过库切的文学作品来了解他的研究已经被做了许多，我们也可以通过阅读他的文学评论，进一步追溯其思想脉络，寻找他本人文学创作的根源。

一、在雾中探索文学与未来

文学评论是什么，以及文学评论该怎么写？库切本人也曾经很迷茫。记得他曾在"在得克萨斯的日子"一文中说到自己在本科学习时对文学评论的最初感觉："我接受了本科大学生常规的英语学习训练……我能对付着写文学评论，虽然我还不太清楚文学评论到底是什么，和书评或者夸奖书的好话有什么区别。总而言之，这种对牛津'英语'拼凑模仿的教育成了让我觉得乏味的情人，最终让我改投数学的怀抱。"富于戏剧性的是，库切本科毕业、读完硕士、做了几年电脑程序员之后，发现自己喜欢的仍旧是文学，他到得克萨斯州立大学攻读博士学位。这时，撰写论文成了他必须要做的本职工作。其实，他在研究生的毕业论文写作时，就已经展现出了评论者的自信，所以《J. M. 库切传》的作者会得出结论说，他的硕士论文已经显示出他是一位成熟的文学评论者。

文学评论有不同的类型，大体可以分为三类：读者自发的批评、学院派专业批评，还有就是作家的批评。库切的文学批评发展方向也是从第一类逐渐过渡到第三类。作为大学教师的库切，他最初的评论文章发表在南非与英美的学术期刊上，同时在大学文学专业课程的教学过程中，他也写出许多文评。特别是 20 世纪 80 年代《等待野蛮人》出版后，他的文学创作能力为世界所认识，他受邀《纽约时报书评》以及《纽约书评》写了不少作家式文评。几十年下来，他写的文学评论文章有上百篇。这些评论文章展现了库切文学兴趣爱好的广泛，其中有德国文学、俄国文学、荷兰文学、英美文学、伊斯兰文学和非洲文学等。他试图从不同的作家与作品中探寻文学创作的过程与意义。其评论特点是通过深入挖掘作家的生平来揭示其创作背景、性情与文品；通过仔细阅读文本来表述自己个人的直觉感悟，思考作家的责任。

在文集《陌生的海岸》的第一篇——"何为经典"中，库切通过对艾略特所走的文学道路进行梳理，认为艾略特的独特之处在于，"一个试图创造新的身份的作家为达到目的，不是像或不仅像别人一样移居国外、定居下来、归化入籍、适应新文化（艾略特以其典型的韧性一一做到了这些），而是通过为我所用地界定所谓民族或民族性，继而运用自己所积累的一切文化权力，把自己关于民族的定义强加给知识界，以左右其舆论"。库切的作家与学者身份形成过程，也有着相似的轨迹。他所写文评内容显示了他的先驱性与预言性。从库切 16 岁时图书馆的藏书判断，T. S. 艾略特的文集和诗集是他年轻时代就开始品读的经典。在这篇论文中，库切通过呼应艾略特的讲座，结合自身听巴赫音乐的经历来解释阅读欣赏经典的两种品读方式，即超验诗意的阅读法和社会文化阅读法。他将文学作品和音乐作品作类比，认为那些能够超越时间，被多次品鉴的经典，不论文学还是音乐都不惧怕误读或者粗鄙野蛮。他引用波兰诗人赫伯特的观点，认为经典是那些虽遭受野蛮浩劫，但仍能劫后幸存，而那些历经最野蛮的浩劫而仍能存留下来的东西就是世世代代之后仍然可以成为经典的核心所在。库切在这篇文章中强调批评的主体性功能。他认为批评必须担当起考量、质疑经典的责任。因此，人们完全没有必要担心经典是否能够经得起批评的种种解构行为；恰恰相反，批评不仅不是经典的敌人，而且实际上最具质疑精神的批评恰恰是经典用以界定自身，从而得以继续存在下去的东西。

对文学批评所蕴含的淬炼经典的积极价值，库切显示了一种作为文学大师的敏锐。对他而言，文学评论的困惑不仅在于分析文本，同时还意味着驱散自己思想的迷雾，并且让自己更加清晰地感受社会现实。所以，他十分欣赏本雅明所做的分析工作，认为本雅明"拱廊计划"的总结已经完全超越了他的研究本体，具有前瞻性的历史意义："不管我们对它做出什么样的裁决——废墟、失败、不可能的计划——都表明一种论述某个文明的新方法，也即用它的废料而不是它的艺术作品做材料：来自下面的历史而不是来自上面的历史。而他（本雅明）在《关于历史观念的论文》中呼唤以失败者的痛苦为中心的历史而不是以胜利者的成就为中心的历史，则预示了我们有生之年见到的方法：历史写作已开始想到它自己。"此文表现出，库切看到了"拱廊计划"里面蕴含的"蒙太奇"手法，这也可以被认为是超文本概念的一种非常早期的版本，库切的文本创作也可以被看作这种"蒙太奇"手法的创作实践。

二、评论，如水般灵动

《双重视角：散文与访谈集》是上面提到的 6 部文集中最有特色的一部。之所以这样认为，原因主要有两个，首先是其内容选择表现出库切的多元研究视角。该书由八组主题构成：贝克特、互易诗学（poetics of Reciprocity）、大众文化、句法、卡夫卡、自传与告白、南非作家等。其次，该书每一个主题分别包含两种视角，一个视角是他自己的论文陈述；另一视角是由他的学生兼同事阿特维尔对他做的相关访谈。这也是为什么该书取名为"双重视角"。这个书名的选择表达了库切对待文学研究，也包括文学创作的态度，那就是不能只以一种视角看事物，多重的视角让意义的展现更加充分。

库切也非常强调小说中，对话描写对揭示意义的助力功能。他在文学评论中会注意到宝琳·史密斯（Pauline Smith）的农场小说尽管是用英语写就，但是通过使用南非荷兰语的句法特点，将动词移到句子的末尾来展现南非荷兰语说话者独特的对话形式。也许有人认为这种描写方式过时，但是库切认为史密斯是从英文圣经的授权版本中得到了这种讲话模式的歧视，是经典而非过时的表述手法。另外，他也关注到艾伦·佩顿（Alan Paton）在《哭泣》（*Cry*）中，也是通过乡村牧师与城里儿子用非洲祖鲁语的对话来展现城市对乡村的腐蚀，以及乡村牧师的纯真。他认为佩顿有意设计了对话的方式来达到自己的叙述目的。

与《双重视角：散文与访谈集》相呼应的另一本较有特色的库切随笔集是《此时此地》。该文集由两位处于不同空间场域的作家共同创作：在澳洲的库切与在美国的保罗·奥斯特通过传统的书信和传真形式与对方交流。用库切的话说："愿上帝成全，或许我们还会相互撞击出火花。"该书信集并非全部都是文学评论的内容，但是也有关于文学评论与小说创作的内容。比如，保罗·奥斯特曾和库切抱怨，有一位姓伍德（James Wood）的评论者写了一篇长文批评他的作品，说其创作是"陈词滥调……是现代派及后现代派文学的杂糅。"奥斯特开玩笑说："这个评论者的姓氏（wood，木材）表明有朝一日他会被白蚁吃掉。"库切则安慰他说，"评论家就像动物园里朝大猩猩扔石子的孩子，他知道自己有栏杆的保护"。一方面，库切强调评论的重要性；另一方面，他也希望保护作者创作的自主性。作为表达者，他是希望被理解和关注的，但是库切一直以一种内敛的态度，表达自我而不评价他者。部分出于这个原因，库切倾向于以更多的文学创作表达自我。在接受高校邀请进行学术演讲的时候，他也倾向于朗读自己新创作的文学作品章节，而非自己写过的评论文章。

三、自我是一切文学的源泉

库切的文评也体现着他的严谨风格。他会仔细研读自己要评论的作者背景资料与文本，其评价风格如其人：冷静、超脱、细腻、犀利和敏锐。比如，在"何为经典"中，他在演讲的开始不是介绍艾略特关于经典的观念，而是介绍了艾略特演讲的时代背景——盟军正在欧洲大陆作战，伦敦被德国空袭。56 岁的艾略特在伦敦维吉尔学会发表就职演讲。他的讲座不谈战势，仅是在抱怨准备讲座的图书资料不好找时，提到缘由是"当下发生的意外事故"。在艾略特看来，不论当时的战争规模有多大，只不过是欧洲历史中的一个响嗝而已。这样的气氛铺垫又呼应了他自己自这场演讲结尾所要强调的，经典是那些历经最野蛮的浩劫而仍能存留下来的内容。在"本雅明与'拱廊计划'"

一文中，他不仅看到了"拱廊计划"的先见之处，但是他也犀利地指出他关于苏联革命性创举的一些赞赏的论断还过于幼稚。他公允且敏锐地发现和呈现本雅明对当时莫斯科人民生活的细致描写，同时对本雅明本人的介绍也非常丰富翔实。比如他详细介绍本雅明在当时的生活状态，包括他与拉齐斯的私通行为以及对妻子的刻薄。

　　无疑，文评中这样形象且中立的描述也留给当下读者新的视野和思考空间。作为高校文学专业的教授，他熟悉各种文学评论与流派，但是他拒绝让自己的文评被这些理论所束缚，正如他在评论约瑟夫·布罗茨基的文章中说："学院派评论家是否能从布罗茨基那里学到点什么？恐怕不太可能。要达到他的水平还需要缪斯的灵感。"对库切而言，文学评论的精致同样也需要一种灵感和特立独行的勇气。比如在认真分析本雅明的"拱廊计划"之际，库切不仅全面介绍本雅明的思维框架，也恰如其分地加入不同的观点。比如当本雅明夸奖波德莱尔在《恶之花》中首次把现代城市作为诗歌题材揭示出来，库切指出早在波德莱尔之前五十年，华兹华斯的诗歌里就已经描写了都市化的伦敦。

　　库切文评集中所评论的文章有三种类型，第一类是经典作家的作品，如笛福、里尔克、卡夫卡、穆齐尔、陀思妥耶夫斯基、A. S. 拜厄特、拉什迪等；第二类是被忽略的、一些读者对其了解还不多的优秀作家的作品，像齐斯·努特布姆、约瑟夫·斯科弗雷齐、布莱顿·布莱顿巴赫；第三类是新锐作家的作品。从库切所选择评论的作品与作者身上，读者可以找到库切的兴趣关注点与喜好，甚至也可以看到他的影子。比如读他在文评中叙述的主人公的命运，与他 20 世纪 70 年代的经历有着惊人的相似：婚姻陷入危机，事业无望，多次投稿出版社都被拒绝。

库切的学术论文为文学批评者研读他本人的文学创作提供了许多线索。在库切写的文学评论文章"丹尼尔·笛福的《鲁滨孙漂流记》"和"《罗克萨娜》"中，读者可以看到库切创作《福》的灵感。在该篇文评的结尾处，他这样评论笛福这个作家："不错，笛福谈不上是个艺术家，至少不是丹纳头脑中所想象的那种艺术家；然而，笛福也压根儿没想让别人把他看成这样的艺术家。正如丹纳所说，笛福是个地道的商人；但他经营的却是文字和思想，他有着商人的精明，知道一字一句表达着什么样的思想，每一思想又有着多重的分量，能值几个钱。作为思想家，笛福可能谈不上有什么独创之处，然而他的思想却敏锐犀利，对生活的方方面面充满了好奇。"库切非常赞赏笛福的写作手法，但是并没有因此而盲目崇拜，甚至于，他会在自己的作品中，戏谑笛福的作者地位，将笛福拉下权威叙述者的神坛。于是，在库切的作品《福》中，我们可以看到那位还未在自己姓氏上面加上贵族姓氏的作家"福"，性情、人品与库切在文评中所描述的如出一辙。但是读者不能认为这种后现代的创作手法是对笛福的不敬。其实不论从库切的小说创作，还是他的文学评论，抑或他在诺贝尔文学奖颁奖仪式上的讲话，都可以看到笛福和他的小说在库切的文学人生中的作用。

如果追溯到库切在儿童时代阅读的百科全书，读者会发现那些让库切惊讶地发现作者笛福的章节应该被库切认真细读过。[1] 因为里面所着重介绍的关于笛福三个方面，都已经被库切理解和吸纳。该百科全书关于笛福的词条介绍了：第一《鲁滨孙漂流记》是创意天才作家笛福的不朽之作；第二，笛福也是新闻业的创始人；第三，笛福的小说创作手法栩栩如生，惟妙惟肖，同时他善于运用反讽的方式表达政论；第四，戴颈手枷示众惩罚的笛福不仅毫无损伤，反而大获全胜，更强势地反击那些迫害非国教信仰者的心胸狭隘者。

如果我们看库切的文字生涯，他的目的就是要创作经典之作且能经得起时间沉淀的作品。第一，他非常在意文字的准确使用，他会在创作中，字斟句酌，不用任何多余的文字，叙述言简意赅却生动形象。第二，他在教学中，曾要求学生模仿和思考笛福与斯威夫特的写作手法，进行创意写作。而这两位作家都是在反讽方面非常擅长的大师。第三，他自身对反讽的运用也到了炉火纯青的境界。也许还因为文字审查制度在南非非常严苛，所以库切也一直比较善于用迂回的手法抒发胸臆。他的同学曾经总结说库切开玩笑的目的"不是戏谑、俏皮话，或让人出糗，而是反讽某种特定的窘境、令人尴尬的经历，或社会的谬误，这些都是常人所会面临的，总是有人占上风，有人占

---

[1]　Arthur Mee. *Children's Encyclopaedia* ［M］. London：The Educational Book Company，No Edition Remarks：1480—1482.

下风。他对人与人之间的动态权利变化、他们的动机和借口有着极为敏锐的洞察力，但他会巧妙地隐藏起来"。在美国得克萨斯攻读博士学位期间，库切因为反对越战而向《得克萨斯日报》投稿。他以书信的形式写了一篇讽刺越南战争的评论，因为观点表达得非常巧妙，一些读者甚至误解了他的反战立场。这就和百科全书里介绍的笛福的经历如出一辙。笛福曾经写的一篇短文《消灭非国教徒的捷径》，表面看似表扬权力机构的宗教政策，实则是讽刺和挖苦。而当权者并没有看出其中的端倪，还在帮助宣传，最后被提醒意识到其中真实含义后，恼羞成怒才罚笛福站到行刑架上示众惩戒。

库切曾经说"所有的写作都是一种自传：不论是文评还是小说，你写的每一样东西在被你书写的同时也在书写着你本人"。分析库切的文学评论创作和小说创作的关系之后，我们也可以说——库切所阅读和评论的作家作品也同时在影响着他本人的创作。我们可将库切思想发展的脉络分三段来看。第一阶段即在南非与英国期间是库切后殖民主义理论形成的前传：他已经朦胧地意识到自己应该走出历史与国体的羁绊。第二阶段是到美国之后，库切开始了他后现代社群思想理论的系统建构。第三阶段是库切移民澳大利亚的这十几年，这一阶段是他后现代世界公民理论思想体系的完善期，属于后现代社群爆燃期：他的后殖民主义社群思想体系也更加多元化。他更自如地怀疑既定的标准和所谓的真理，思考人类的进步与教育的真谛，比如通过 2013 年、2016 年、2019 年出版的《耶稣的童年》

《耶稣的学生时代》和《耶稣之死》，他超越了先前的自传体小说《男孩》《青春》与《夏日》中那种对自我的关注与反思，更多地从哲学的层面思考人类世界，重新探寻全球化时代，怎样才是更合理、更人道的世界化的人类生存状态。这也是为什么笔者认为用后现代社群的理论来分析这一系列的作品是非常契合的。库切的创作与思想发展过程，表面上是对自我的否定、质疑与颠覆，实质是为了更高范畴上人类生存问题的理性建构。总之，他用文学作品与文艺批评文章提供了一个充满生机的后现代、后殖民主义研究方向，终极目标是构建一种人类爱的共同体——一个更加多元、更加自由的新型后现代社群。

第十二章　库切与易卜生
——社群中的孤独者

　　易卜生是19世纪挪威杰出作家，库切是20世纪南非/澳大利亚双国籍作家，诺贝尔文学奖获得者。尽管两位作家所处的时代相差100多年、所居住的国家相隔几个大洲，但他们在对孤独的理解与表现方面，却有着超越时空的、灵魂上的相似。❶ 在《人民公敌》中，斯多克芒医生私下里对他的子女说："世界上最有力量的人正是最孤独的人。"在《等待野蛮人》中老行政长官任凭民众的唾弃与背叛，凭借自己的坚韧和宽容，最后从小镇上最孤立的人变成小镇的精神领袖。自古以来，作家的创作就是孤独者的工作，正如加拿大作家马格里特·阿特伍德曾说，自己所从事的是世界上最孤独的职业。因此，以孤独为主题的创作在文学作品中是很多见的。但是这两位作家的与众不同之处在于他们对孤独的一种昭扬：他们与他们作品中的人物在从事一个共同的事业，那就是颠覆人类对世界的一

----

　　❶ 就这一观点，笔者曾经与库切本人进行电子信函交流，希望从影响研究的角度切入。但是库切没有明确说明他受到易卜生的具体影响，只是承认自己曾经读过易卜生的作品，也看过易卜生的戏剧。他在自己的几本文论专著中也有提到过易卜生及其作品。

种普遍认识——有关从众的必要性。笔者认为作家的颠覆力度正是来自两位作家所选择的自我流散这种经历，因为正是这种流散的生活历程，才导致他们在文学创作中表现出这种强烈共鸣。根据小说的情节发展，《人民公敌》与《等待野蛮人》这两部作品可以被看作是一部宏大作品的两个组成部分，他们合起来体现了孤独的内在力量的释放与作用——前者是论点的提出；后者是对论点的验证。本章将以作者的流散经历为背景，分析《人民公敌》与《等待野蛮人》这两部作品对孤独的不同阐释。

一、写作是家园

"对于一个已经没有故乡的人，写作是最后的家园。"

——特奥多·阿多诺

阿多诺是一个流亡者，流亡的经历让他更趋向于展示一个具有独立人格的知识分子灵魂。他用文字反对毫无反思的生存方式，反对把人作为社会机器上的一个零件，也反对把任何概念放到至高无上的位置，认为那是奴役和大屠杀的由来。用赛义德的话来说，他流亡于一切之外，不仅流亡于传统的形而上学，更流亡于一切体系和整体之外。1864年，36岁的易卜生在朋友资助下开始了长达27年的意大利与德国的旅居生活。他在此期间的创作是最成功的，其中最有代表性的两部作品是《玩偶之家》（1879）与《人民公敌》（1882）。1962年，22岁的库切大学一毕业就开始了英国与美国的远离故乡的生涯。他的经历与心情在他的自传体小说《青春》中通过主人公向我们加以展示。这个年轻人从上大学起，就定好了计划要去英国或者法国。结果是他大学一毕业，马上就离开了南非，前往英国。流散多年的易卜生最后 10 年是在他的祖国挪威度过的，但目前为止，库切选择的是移民定居在澳大利亚，远离他的祖国南非。他在流散期间第一部重要的作品就是《等待野蛮人》（1980）。从他们经历的梳理之中，我们可以看出他们都是自愿走上了流散之路。

　　一直以来，笔者在思考一个问题：是什么在驱使这些伟大的作家走向了流散之路？我们可以从一位与他们有着同样经历的后现代大家爱德华·赛义德那里找到答案（赛义德所使用的词汇是"流亡"，在本书中同"流散"）。他在《流亡的反思》一文中指出："流亡是一种奇怪的东西，让人心里总是惦记着，但经历起来却是非常痛苦。它是人与故乡，自我与真正家园之间不可逾越的鸿沟。它那极大的哀伤是永远也无法克服的。"❶ "流亡不是一种特权，它只不过是针对那些主宰现代生活的大量机构存在的另外一种可能。要知道，流亡不能算是一种选择，因为你一生下来就陷入其中，或者它自然地就降临到你的头上。但是如果流亡者不想在局外调治伤痛，那么他就要学会一些东西：他或她必须培育一种谨慎的（而非放纵或懒散的）主体性。"❷ 这种主体性也是流亡知识分子的任务，拒绝接受权力机构的统治束缚，保护具有独立人格的知识分子灵

❶ Edward Said. *Reflections on Exile and Other Essays* [M]. Cambridge, Mass：Harvard University Press, 2000：173.

❷ 同上：184.

魂。流亡实际上是灵魂与权力的对抗与斗争。流亡者带着愤怒的灵魂，穿越边界，打破了国家与区域的界限，摆脱思想与经验的羁绊，在阿多诺看来，他们唯一拥有的家园就是写作，因为只有在这个虚拟的家园中，他们才能保护自己的良心和批判能力。流亡使得他们能够"将整个世界看作是一个异地，这样他们的视野也就更具独创性。大多数人只熟悉一种文化，一种背景，一个家园；而流亡者至少了解两种，这种多样化的视角使他感受到多维的存在，这种感受，借用一个音乐术语来说就是'对位的'"❶ 可以说，流散是灵魂自由与权力束缚对抗的产物。流散给他们带来一种孤独且超脱的状态，让他们的想象自由驰骋，从而进行创造性的自由写作。

二、乌合之众

"皇帝身上什么也没穿啊！"

——安徒生《皇帝新装》中的小男孩

在《人民公敌》与《等待野蛮人》这两部作品中，作者都对群体的威慑力量进行了批判并坚决否定对群体的盲从，因为这种盲从会导致失范。当斯多克芒医生发现了疗养院的潜在问题，他要向市民说出真相，但是利益的驱使让人们根本不听他的道理，他们开始起哄、攻击他。这时他才发现："真理和自由最大的敌人就是那结实的多数

---

❶ Edward Said. *Reflections on Exile and Other Essays* [M]. Cambridge, Mass: Harvard University Press, 2000: 186.

第十二章 库切与易卜生——社群中的孤独者

派"❶。群体的力量是无穷大的，但是在有些时候它也是可能被误导的。这种反群氓的思想在库切的作品中同样出现。在帝国的唆使与纵容之下，民众同样受到影响，集体失去了理智、陷入癫狂状态。在《等待野蛮人》中，从民众旁观野蛮人俘虏被鞭打的表情中，老行政长官找不到仇恨或杀戮的欲望，在他看来，他们只是看客，在好奇地享受着难得的视觉快感。"一个女孩被她的朋友推上前来，她双手遮着脸，咯咯地笑着。朋友鼓动着她：'上啊，别害怕！'一个士兵将警棍递到她手里并领着她走上前。她一只手仍是遮着脸，很迷茫，很窘迫地站在那里。围观者叫喊着，取笑着，还有人不时地给她一些下流的建议。她举起警棍，潇洒地砸在囚犯的臀部上，然后扔下棍子跑回欢呼的人群中。人们开始竞相争夺警棍（跃跃欲试）……"❷在事件发展过程中，我们可以发现这个女孩曾表现出迷茫和窘迫，但朋友的鼓动、士兵（权力的代表）的允许，看客的推波助澜，这种集体的癫狂逐渐吞噬了她，她不再自己思考行为的道德性，她要从众以求同，于是她拿起了警棍。那一时刻的女孩已经不是真正意义上的她本人，为了与群体保持一致性、为了不被歧视，她放弃了自己的独立思考，成了群体的奴婢。而在小说情节的进一步发展中，我们看到，当这个未经思考的奴化行为得到了群体的赞赏后，更多的人开始争夺警棍，集体更加癫狂。如果我们将

❶ 王忠祥. 易卜生精选集［M］. 北京：北京燕山出版社，2004：369.

❷ J. M. Coetzee. *Waiting for the Barbarians*［M］. New York：Penguin Books，1999：104.

小说阅读过程视觉化，并定格在那个女孩的笑容上，女孩的笑容与伊拉克战俘营中的那位美国女兵——英格兰的笑容是何等相似！当人与人之间的关爱不再被倡导，当人丧失了自制力和思辨力，集体癫狂就会出现。从心理学的角度来说，这种盲从的产生主要由于个体对孤独的惧怕，他的活动因受其他人的影响而趋向于其他人的活动。这种癫狂属于一种失范，也可以说是违规或者越轨，是指社会群体或个体偏离或违反社会规范的行为。

按照弗洛伊德的观点，心理群体是个体的集合，假如在他们的超我之中引入一共同的人物。并又以此成为共同的基础，在各人的自我中互相认同，那便成为一种心理群体。这里有必要指出的是作者并不是完全否定群体的力量。斯多克芒医生也曾经认为："一个人能跟地方上的人像亲兄弟似的同心一致，心里真痛快。"❶ 在《等待野蛮人》中，老行政长官最初对帝国的暴行尽量保持缄默。个体需要融入集体，必要时为集体做出牺牲，但这并不意味着个体利益无足轻重，可以受到蔑视。每个人作为人的权利，自由独立思考的精神以及个体本位的观念都是神圣与合理的。流散中的人总是有一种孤寂的感觉跟随着。所以我们看到了《人民公敌》中的斯多克芒医生和《等待野蛮人》中的老行政长官都有着不被群体所认同的痛苦经历。他们需要勇气与力量才能像安徒生笔下《皇帝的新装》中的小男孩，能够勇敢地说出其实皇帝什么也没有穿。小男

❶ 王忠祥. 易卜生精选集［M］. 北京：燕山出版社，2004：327.

孩说出事实后，才有可能引发其他的人也附和。而在此之前的情形是因为骗子声称皇帝的新装只有聪明的人才看得见而愚蠢的人看不见，于是每一个人都违心地声称看到了华丽的皇袍，群体的力量将谬误变成了真理。假设没有那个天真无邪的小孩子的质疑，皇袍的华美将被载入皇家的史册（或许，尽管如此仍然会被载入史册）。医生与老行政长官就是能够影响历史的勇敢者。孤独是出自本心的情绪，是对任何不平等状态的反思，对一个知识分子来说，孤独应该是自由的同义词。以孤独的心态去参与公众生活，这是两位作者作为知识分子所要追寻的必由之路。

三、"世界上最有力量的人正是最孤独的人"

"假如一间铁屋子，是绝无窗户而万难破毁的，里面有许多熟睡的人们，不久都要闷死了，然而是从昏睡入死灭，并不感到就死的悲哀。现在你大嚷起来，惊起了较为清醒的几个人，使这不幸的少数者来受无可挽救的临终的苦楚，你倒以为对得起他们么？"

"然而几个人既然起来，你不能说绝没有毁坏这铁屋的希望。"

——鲁迅《呐喊》自序

胡适曾经总结了"易卜生主义"。他认为"易卜生的人生观只是一个写实主义。易卜生把家庭社会的实在情形都写出来叫人看了动心，叫人看了觉得我们的家庭、社会原来是如此黑暗腐败，叫人看了觉得家庭、社会真正不得不维新革命：——这就是'易卜生主义'。……但是易卜生虽开了许多脉案，却不肯轻易开药方。他知道人类社会是极复杂的组织，有种种绝不相同的情形。社会的病，种类纷繁，绝不是什么'包治百病'的药方所能治好的。因此他只好开了脉案，说出病情，让病人个人自己去寻医病的药方。"❶ 正因如此，斯多克芒医生只是在振臂高呼"世界上最有力量的人正是最孤独的人"，但这部戏剧并没有给我们明确的问题解决方法。而《等待野蛮人》却从这一点上继续深入。老行政长官在为帝国服务的同时，保持着一种"个人"的思考，从不盲从，所以当乔尔上校认为老行政长官低估了野蛮人的潜在威胁，强调帝国面临的是"组织严密的敌对势力"时，老行政长官却看到，在乔尔上校到来之前，这个地方并没有边境冲突，并一针见血地指出，"你（上校）是敌人，你挑起了战争，你给帝国找来了替罪羊，就在一年前，当你开始了你的残暴行动（滥杀野蛮人）时，你就已经挑起了战争。历史会证明我是正确的"。❷ 同时，他的独立思考使他能够意识到帝国的致命缺陷："帝国并不要求他的臣民互爱，它只需要他们完成自己的本分工作。"❸ 但当他意识到帝国的这个缺欠后，他开始根据自己的判断，为自己心目中的帝国服务。作为一种救赎，他要将受帝国迫害过的野蛮人女子送回她的家

---

❶ 欧阳哲生. 胡适文集（卷二）[M]. 北京：北京大学出版社，1998：485.

❷ J. M. Coetzee. *Waiting for the Barbarians* [M]. New York：Penguin Books，1999：112.

❸ Ibid：7.

园，但是就是因为这一行为，老行政长官被乔尔上校定为叛国罪，他成了帝国的大众所唾弃的对象。被群体抛弃是令人恐惧的，但老行政长官拒绝认罪，与易卜生《人民公敌》中的斯多克芒医生不一样，他不会说"世界上最有力量的人是最孤立的人"，但他会用无言的行动来捍卫自己的独立思考。尽管他受到长期的迫害，身体的痛苦让他难过，但他的顽强的精神从未被击垮。历史证明他是对的：帝国的士兵挑起了战争，激怒了野蛮人，但他们却打不赢野蛮人。最后他们死的死、逃的逃，留下边境平民陷入无助惊恐中。在这个时候，是曾经被孤立的老行政长官用博爱、坚韧和宽容将民众聚合起来，重新建立起一个他的理想帝国。易卜生强调问题的呈现，库切则用一种类似个人英雄主义的方式来解决这一问题。这两部作品可以合二为一构成更为宏大的元叙事。《等待野蛮人》中的小镇居民就是昏睡在铁屋子中的人，他们习惯于做奴隶，将做奴隶看作自己最大的幸福。统治阶级做的事情与想法，他们永远无条件拥护，并千方百计保持自己奴隶的资格，做忠诚于统治者的好奴隶。而老行政长官的行为像是拥有鲁迅的思想："这些经验使我反省，看到了自己：我绝不是一个振臂一呼应者云集的英雄"，所以老行政长官不是在大声地呼吁，而是自己在那里一点一点地凿洞，等待时机成熟的时候，带领群众摆脱权力的束缚。在这个过程中，库切的作品还展现了对差异的包容，这体现在老行政长官的行动上。他是一个清醒者，他深知自己那种超越时代、超越功利的思想，所受的阻力不仅来自统治层面，还来自具体的住在铁屋里面的人，所以他首先是用一种包容的态度，耐心地等待。这体现了尊重差异的必要性，承认并尊重差异性是合作的前提。人有了差异性，才有了合作的必要性和可能性。这部作品不仅强调人与人之间因为差异而产生的空间，还强调人与人之间的平等与互助。

库切与易卜生通过他们的作品向我们展现了一种共通的，超越时代的东西——对思想自由的追求，这种追求是一种永恒的人性的挣扎。这两部作品可以合二为一，通过展示人物存在于生活中的处境与命运，让读者从中认识和思考自己与周围的社会，如何发出独立而强大的声音；同时他们的作品也向读者昭示任何禁止思想自由的企图都是绝对不可能的，因为思想具有超越一切的力量，特别是当一个具有独立人格的知识分子处于孤独之中，他的灵魂能释放出更大的智慧与力量。总之，两位伟大的作家把理想放在作品的字里行间，等待着富有感悟力的读者去感觉与发现一个真理——孤独是一种力量，它能够给人勇气去拒绝从众。

第十三章　库切与彼得·凯里
——世界即是他乡

在布克文学奖的颁奖史上，两度获奖的作家少之又少，而又同时拥有澳洲国籍的作家只有彼得·凯里（Peter Carey）和 J. M. 库切。然而，当这两位作家被纳入文学研究范畴进行分析时，人们又会发现有诸多因素让文学研究者能够从世界文学与比较文学的角度研究这两位作家的作品。本章节将运用第三种文化（third culture）的理论分析两位作家的作品，梳理其写作策略和社群建构。

一、当代澳大利亚文坛两位重要流散作家

2003 年，库切获得诺贝尔文学奖时，很多人会将其归为南非作家，但实际上，他当时定居在澳大利亚（2006 年他已经归化为澳大利亚公民）。关于凯里，人们往往将其归为澳大利亚作家范畴，但他却长期定居美国纽约。在全球化的时代大潮之下，有的作家从中心向边缘流动，有的作家从边缘向中心逆向流动，在这种双向的移民潮中，作家的民族和文化身份的界定变得越发模糊。同样，凯里与库切在身份认同方面存在着相当大的复杂性。研究分析两位作家的生平，我们会发现尽管他们目前都拥有澳大利亚

国籍，但是他们的创作又不是完全澳大利亚化的，同时他们都有在欧美国家生活与工作的经历，比如都在美国大学教授过创意写作（Creative writing）课程。

对于像库切和凯里这样的流散作家，有些读者希望能对他们的国籍身份做一个单一化的认定，这是没有必要的。首先，他们所在的国家都接受双重国籍；其次，对于流散作家的民族国家认同感，读者不能用非此即彼的形式来判断。爱德华·萨义德在《东方主义》一书中，提到20世纪德国的一位伟大的文学研究者埃里希·奥尔巴赫（Erich Auerbach）曾引用的一个句子。该句来自12世纪修道士圣维托克·雨果（St. Victor Hugo）："因此，有经验的才智之士，若能一点点学习，将是伟大美德的一个来源。首先学习不执着于可见和短暂的事物，以便之后能够把它们全部抛掉。那觉得家乡美好的人，仍只是一个柔嫩的新手；那把每一片土地都当成家乡的人，则已经是强大的人；但是，把整个世界视为异国的人，才是完美的人。"❶萨义德认为一个人越能离开自己的文化家园，就越容易判断它，以及整个世界。他需要用精神的超然与大度来真正看清楚。库切很清楚地判断南非和澳大利亚对于他的内涵。2006年3月库切在宣誓成为澳大利亚公民的演讲中清晰地表达了他的公民意识，"要成为一名公民，就需要承担一定的义务和责任。这些义务和责任中，有一点是无形的，无论一个人出生或背景是什么，都要把这个新国家的

❶　Edward Said. *Orientalism* [M]. New York：Vintage. 1979：360.

历史当作自己的过去"❶。同时，因为澳大利亚和南非都承认双重国籍，他也保留了自己的南非国籍。所以在演讲中他也表达了自己对南非的深厚情感，"南非是我存有深厚情感的国家，我并不是离开了南非。我是来到了澳大利亚，因为从 1991 年第一次访问时起，我就被这里人们自由和宽厚的精神所吸引，被土地本身的美丽所吸引。当我第一次看到阿德莱德，我就被这个城市的优雅所吸引，现在我很荣幸地将这个城市称为我的家"❷。实际上，库切与南非的联系是必须保持的，尽管他在 2014 年，卖掉了自己在南非的房子，但是他的女儿吉赛拉仍然生活在南非，而且健康状况欠佳。作为父亲，他的一个牵挂在南非。作为澳大利亚文学的领军人物，彼得·凯里的魔幻现实主义写法并没有被美国或澳大利亚的地域所限制。流散的经历反倒给他更多的机会来探索澳大利亚和美国之间关系，并对其进行寓言性创作。

在文学创作中，他们都受到一些文学大家的影响。对于库切而言，卡夫卡、贝克特、陀思妥耶夫斯基、乔伊斯，里尔克等作家与诗人对他都产生过很大的影响。对于凯里而言，除了上述作家外，他认为威廉·福克纳与索尔·贝娄对他的影响最大，他曾经表明自己喜爱并推崇的小说是美国的黑色幽默小说《第二十二条军规》和拉美魔幻现实主义小说《百年孤独》。在家乡与异乡之间，他们所创作的作

❶　http：//www. theage. com. au/articles/2004/03/02/1078191320576. html? from = storyrhs［2006 - 01 - 15］.

❷　同上。

品能够频频获得多种文学奖项，这其中的主要原因是他们都是在后殖民主义文化与欧美传统文化的冲突、交融中成长起来的。从某个角度说，他们都是在世界各地游荡寻根的流散作家（Diasporic writers）。但是本书要将其放入澳大利亚文学范畴里进行研究，主要有两个依据：第一，这两位作家目前都自认是澳大利亚公民，拥有澳大利亚国籍；第二，他们有大量重要文学创作都是以澳大利亚为背景的。研究澳大利亚当代文学，这两位作家是不能被回避的重要人物，同时就社群研究而言，他们的文本也提供了很好的范例。

二、两位流散作家的新文化视角

从20世纪80年代末、90年代初开始，由于经济的全球化，现代世界产生了越来越多的移民，更多作家或是被迫，或是自愿地走上了流散之路。在流散的过程中，他们的思维层面逐步形成了一种新的文化态势，也可以称其为第三种文化。本书将第三种文化的包容性附加在流散作家的创作角度方面来分析。对库切和凯里这两位流散作家来说，第三种文化首先来源于他们对母文化的再认识，这种认识与他们原来在母文化氛围所感受的又不同，他们对母文化的理解已经从盲从到了更理性地思考的程度。同时在游走的过程中，作家们要在母文化和客文化之间寻找到一个合适的平衡，很自然会感到一种孤独，因为他们既不能成为客文化中的主流，也不能完全地接受与认同母文化的一切。库切在他的自传体小说《青春》中，有一个相当生动的描述：主人公从南非来到伦敦，"他身上仍然残留着一丝殖民地的傻气（南非曾是英国的殖民地）。于是，他开始注意伦敦的时尚，那尖头的皮鞋、有许多纽扣的盒子形的紧身上衣、垂到前额和耳朵上的长发，使他开始为自己只有从开普敦带来的灰色法兰绒长裤和绿粗呢上衣感到窘迫，为自己那仍旧是童年时代乡镇理发师留下的有着整齐分缝的发型感到害羞。但当他为自己装备了一套同样的行头的时候，他却感到了一种未曾经历过的抵触情绪。他不能这样，这像是自己甘愿去做骗人的把戏、去做戏"❶。这种体验让主人公顿悟，原来自己并不是一个英国人。那么他们身份和文化上的多重性和模糊性，使得他们在母文化与客文化之间形成了一种特定的沟通和契合机制。此种情形决定了这种新生成的文化具有更大的包容性。正是在这种源于文化自卑心理的理解包容性让库切的创作具有超脱的视角，在大量地域特点模糊的背景中创作文本，其中比较典型的例子是《等待野蛮人》和耶稣三部曲。

彼得·凯里也非常熟悉澳大利亚人作为曾经的殖民地开拓者的后代，如何对英美文化显现出一种甘拜下风的民族自卑感。关于澳大利亚人对英国文化的膜拜，可以参见他的小说《杰克·迈格斯》。"二战"之后，联邦政府推行的疏英亲美的政策，加速了美国文化在澳大利亚的传播与接受。凯里在他的短篇小说《美国梦》中曾描写了这样的一个澳大利亚老头——格里森。他制作的小镇模型，当人

---

❶ J. M. Coetzee. *Youth* [M]. Melbourne: Texting, 2020: 84.

们把房顶掀开后，可以看到镇上的各式"人物"都在其中，且栩栩如生。一时间，小镇模型成为新的旅游景点，导致大量美国游客纷至沓来，镇上的人也都成了明星。表面看来，小说描写了格里森的怪异行为，实际上，小说在描述澳大利亚人在"二战"之后崇尚美国文化的民族心理。澳大利亚人看着美国电影、开着美国汽车和拥有大量美元，梦想着过和美国人一样的生活，甚至做爱都要模仿美国人的样子。这部小说篇幅不长，但是辛辣地讽刺了澳大利亚人对美国文化既爱又恨的民族心理。凯里还有一部小说《幸福》，这是他的第一部长篇小说，也是在描写澳大利亚的美国化现象。女主人公贝蒂娜对美国文化痴迷而疯狂，相信美国所有的神话，最后成为美国文化的牺牲品。她的儿子大卫也是钟情于美国文化，梦想成为一名毒枭，最后暴死他乡。这些作品客观地反映了曾经有一段时间，当美国文化在世界上发挥影响力时，澳大利亚也受到了影响和波及，成了美国文化的囚徒。凯里和库切都非常善于将其生活体验和对现实的政治隐喻有机地融入文学创作之中，引发人们对两种极端行为（文化霸权和盲目自卑）的深刻思考。凯里在接受记者关于《特里斯坦不同寻常的生活》这部小说时，他就曾说过，构思这部小说是因为他"想写一个像美国这样的强权帝国，或者一个再塑的美国。我读过卡夫卡写的美国，而卡夫卡从未去过美国。真是太棒了，关于美国的想法。所以我想写美国，写中心和外围、大都市中心和外围的关系，这显然是我的文化和

生活经验。"❶

三、文本事实与虚构界限之消融

文学并非仅仅被动地传达信息，而是主动地在读者与历史、个人与社会之间发挥媒介作用，形成人们对自我、对过去、对集体的感知，影响未来社会的记忆内容。两位作家是有国籍的，但他们的文本创作又是超越国界的。他们在流散的过程中对世界进行思考与比较，并诉诸文本。他们在文学创作中的视角具有一个共同性质，用一个词语来概括，即是超然他者化的视角。库切的《福》与凯里的《我的生活犹如冒牌货》典型地体现两位作者的超然他者化创作策略。这是两部比较有难度的作品，而其难度对读者而言是阅读难度，对作者而言是创作难度。作品所展现出来的是作者挑战常态的勇气，以及超然他者的视角在对待小说与事实的关系问题的表现方式。首先他们的文本创作超越了那些已经范畴化、概念化了的时空关系或者时态所划定的界线。库切在他的小说《福》中，让笛福恢复本来真实的姓名：Foe。另外一个重要特点是：从内容上讲，库切的《福》是对《鲁滨孙漂流记》这一经典作品的重写与反拨。小说中的人物仍旧有鲁滨孙·克鲁索和星期五，但是小说的讲述者不再是相信与宣扬西方启蒙主义观点的鲁滨孙·克鲁索，而是一位叫苏珊·巴顿的女士。小说主

---

❶ Robert Dessaix. An Interview with Peter Carey [J]. Australian Book Review 167, 1994: 18−20.

要从苏珊·巴顿的角度来进行叙述，让我们看到了一个不同的克鲁索和不同的本来名字叫福的作家。作为一个根本没有经历过海上漂流和船难的伦敦人，以第一人称的形式讲述鲁滨孙漂流记，声称自己是一个亲历者，这位作家福就是一个冒牌货。而凯里的小说《我的生活犹如冒牌货》则以澳大利亚文学史的一个重大事件"厄恩·马利骗局"为背景。该事件是澳大利亚文学史上的重要事件，因为它导致了《愤怒的企鹅》最终停刊，对现代主义文学在澳大利亚的发生和发展产生了重要的影响。该小说的叙述者也是一位女性，她是《现代书评》杂志的女编辑萨拉·沃德－道格拉斯。她要重新追踪这一事件，试图找出事件的真相，尽管真相是不存在的。小说的大部分内容都是萨拉在倾听克里斯托弗讲述他的生活经历。克里斯托弗声称，诗人鲍勃·麦克其实是他编造出来的，但是却突然复活了，不仅败坏了他的名声，还抢走了他领养的女儿。他花了近20年的时间，在世界各地寻找鲍勃和女儿的下落，历经艰难险阻……萨拉将信将疑地听完故事，陷入了困惑的泥潭，分不清这故事到底是事实还是虚构。当然，陷入困惑之中的不仅是叙述者萨拉，还有读者，因为他们同样也无力分辨作品中事实与虚构的界限。凯里一直在他的作品中挑战着虚构与真实的复杂关系。在他的一本长达600页的长篇小说《撒谎者》中，他开篇就涉及了事实与虚构的关系问题。该小说的叙述者声称自己139岁了，然后他又说自己是一个大骗子。但是该小说最具震撼力的是这句话："我的年龄这个事实，你是要相信的，不是因为我自己这

么说了，而是官方记录就是这样的。"❶

　　超然他者化视角主要就体现在两位作家在处理事实与虚构之间关系的态度上。在他们的作品中，事实是不存在的，作者的权威性是完全可以质疑的。库切在儿时相信小说中所记述的一切都是鲁滨孙·克鲁索真实的经历，也相信历史上真有鲁滨孙·克鲁索这样的人物。但是当他通过阅读儿童百科全书，知道原来鲁滨孙·克鲁索的一切是由一个叫笛福的人编撰的。他对故事虚构和真实之间的关系做出了一个影响世界观的判断。这次阅读经历让库切从童年就开始注意到历史的殖民性、语言的殖民性，更具体地说——作者创作的殖民性，因为不论真假，作者都可以声称他讲述的故事是真实的。这种质疑引发他后来致力于反驳历史与经典。库切和凯里一样都善于在作品里解构作者的特权。他们会在一部小说里，将一个故事从不同角度讲了很多遍，他们要通过作品告诉读者，"'小说的本质与创作过程'这个问题也可以被称作'谁在写'的问题❷"。

　　库切的《福》与凯里的《我的生活犹如冒牌货》完全抛弃了作者的权威性，给我们展现了由无数作者创作的或者又可以说是无作者情况下创作的小说。正如库切在他自己的博士论文中曾经引用他的研究对象——贝克特的一句名言："谁在说话有什么关系，某人说，谁在说话有什么

　　❶　Peter Carey. *Illywacker* ［M］. New York：Vintage，1996：1.

　　❷　Tony Morphet. Interview with J. M. Coetzee ［J］. Tri – Quarterly 69，1987：462.

关系。"❶ 在无数作者的情况下，具体事件的文本阐述有了更多的可能。他们的这种超然他者化叙述模式打破了事实与历史一对一的逻辑关系，历史的权威性与作者的权威性通过反拨经典的方式加以打破。对于作家来说，小说是真实事件与艺术的结合，所以库切在《福》中所做的事：还原作者的本来面目，展现他另一面的生活，描写他原来忽略掉的内容，进而让读者从中看出作者是不可靠的，而历史的记述则是不全面的。而在《我的生活犹如冒牌货》中，凯里更是从他童年时代身边发生的一个文学事件、一个众人皆知的骗局入手，大胆地假设：如果真是有那么一个诗人，他所创造的人物犹如弗兰肯斯坦所创造的人造怪物一样真的复活了，那又会怎样？在作品中，每一个人物都主张自己的叙述是真实可靠的，但是将他们的叙述放置到一起又有如此多的矛盾之处，而小说到最后，真相也没有出现。为什么会是这样？原因就在于他们要展现的不是事情的真相，而是要展示真相得不到的那种困顿。对于这两位作家而言，所谓真相是没有的。要真相，只有一样是真实的，那就是书写本身。

四、超然他者化视角再思考

两位作家的创作背景来自第三种文化，这种文化具有

❶ Michel Foucault. "What is an Author?", *Language*, *Counter - memory*, *Practice*: *Selected Essays and Interviews by Michel Foucault*, trans. Donald F. Bouchard and Sherry Simon, ed. Donald F. Bouchard [M]. Ithaca, NY: Cornell UP, 1977: 116.

第十三章　库切与彼得·凯里——世界即是他乡

高度的包容性。他们共同的超然他者化视角让这两位作家质疑作者的权威性、质疑真相的绝对性，但是不等于他们不注重事实。恰恰相反的是，他们喜欢从史实中寻找写作的素材。《福》是以现实生活中曾经真实存在过的作家福为创作起点。凯里的《奥斯卡与露辛达》和《凯利帮真史》是为人所知的，以澳大利亚真实历史事件或历史人物为基础所创作的作品。另外，两位作者的超然他者化视角还可以体现在作者尽力给边缘者发声的机会。在《福》和《我的生活犹如冒牌货》这两部作品中，叙述者都是女性，一位是苏珊·巴顿女士，另一位是女编辑萨拉·沃德－道格拉斯。作为男性作家，库切与凯里能从女性视角来叙述各自的小说，从文学创作上看，这是一个很大的突破，因为他们不仅超越了个体、民族与国家，也超越了性别。从《福》和《我的生活犹如冒牌货》中，我们可以看到作家的权力就在于他全权决定话语内容与表现形式，像造物主一样决定着人物的发展轨迹。文字是历史的载体，历史是真实的，但是文字是抽象的，因为文字本身只是个符号。符号的不同组合表达着不同含义、不同的人，从不同的角度、不同的背景，可以进行不同的符号组合，而不同的读者从不同的角度又有不同的阐释可能，整个过程受复杂的权力关系和意识形态所制约，这就决定了文字与历史之间有着不可逾越的鸿沟。按照米歇尔·福柯的观点，历史是掌握着权力和话语者的表述。他认为"在任何一个看似处于某种统一意识统治下的历史时期中，都充满了被压抑的他异因素，历史学家必须在它的系谱研究中对他异性和断裂给予格外的关注。"❶ 而这两部作品以女性作为个体讲述自己的亲身经历，从一种他者化的历史角度去反拨那个已经成为一种常规意识形态的宏大历史。在对大历史的反拨方面、理想社群的建构方面，这两位作家做出了极有价值的探索。这种探索不仅有助于我们了解文本本身的多面性和复杂性，同时开辟和展现出一条解构文本、构建抽象社群的路径。

　　❶ 陈厚诚，王宁. 西方当代文学批评在中国［M］. 天津：百花文艺出版社，2000：465.

第十四章 《小于一》—— 布罗茨基与库切的文学理念交集

　　2013 年，美国企鹅出版公司发行了一本库切与保罗·奥斯特的书信集，记录了两人从 2008 年到 2011 年间的通信。在其中一封信中，库切谈到了一个现象，他在当代读者中找不到多少人可以从诗歌中获得精神的引领。而在 20 世纪 60 年代和 70 年代，他们那个时代的欧美年轻人却可以真真切切地受到诗歌的引领，比如布罗茨基。20 世纪 60 年代，确实有这样的一个历史定格：在北半球的西伯利亚，一位 20 多岁的年轻人因为自身观念与其所在的社会价值观格格不入，被当局定义为社会寄生虫，以流放的方式进行惩戒；在南半球的一个正在推行种族隔离的国家，另一位同龄人因为不能忍受其所在社会人与人之间令人痛心的不平等，而自我流放到英国。一个在冰天雪地里做苦工，同时进行着诗歌创作；另一个在大英帝国图书馆里彷徨，尽管相对地享受着衣食无忧的物质生活条件，但是因为没有找到文学创作的出路而精神极度迷茫。前者是约瑟夫·布罗茨基（1940—1996）——出生于俄国，流亡美国并客死异乡；后者是 J. M. 库切——出生于南非，现定居澳大利亚。

一、人生"漆黑如针胆"——五十年前两位诗人灵魂的呼应

生活的苦难未曾剥夺这两位文学爱好者对书的热爱与渴求。他们与文字以及图书有着不解之缘。1988 年 5 月，布罗茨基在意大利都灵首届图书博览会开幕式上的致辞中这样说明书籍的意义："就整体而言，书籍的确比我们自己更能实现无穷。……促使一个人拿起笔来写作的动机常常正是这种对身后意义的渴望。"❶ 库切在他一本小说中提到的在图书馆里读书的感觉可以体现他对书籍的深挚情感："在那里，埋在书籍之中，我不时觉得自己有一种离幸福不远的感觉，那是一种极乐的、心智的愉悦。……我是一个有书卷气的男人，坐在图书馆里，荣耀地看着清晰的图景。"❷ 这种"离幸福不远的感觉"也驱动着他们用自己的文字探索人生的幸福真谛，但是他们同时又表现着一种克制力，绝不会刻意讨好读者，而是带着冷冷的、扮酷的态度，等待读者用心去感悟他们思想的深邃与诗意。俩人分别在 1987 年与 2003 年获得诺贝尔文学奖。

人们一般会认为布罗茨基与库切的交集发生在美国，因为两者都在美国大学讲学多年。在美国文评界，可以看到他们如何熟悉与欣赏对方的文字：布罗茨基在 1996 年出版的《悲伤与理智》（*On Grief and Reason*）中高度评价库

---

❶　Joseph Brodsky. *On Grief and Reason*［M］. New York：Farrar，Straus and Giroux，1997：97.

❷　J. M. Coetzee. *Dusklands*［M］. London：Vintage，1998：6.

第十四章　《小于一》——布罗茨基与库切的文学理念交集

切，认为"他是贝克特之后，唯一有权利写散文的作家"❶。而从来不喜欢在文评中夸奖研究对象的库切在评论布罗茨基的这本随笔时说"写文论批评文章可以说是布罗茨基的拿手好戏"。但是他们的灵魂交集最先发生在20世纪60年代的英国。

布罗茨基以他的一句诗打动了当时身在英国的库切："漆黑如针胆"。只是这寥寥的5个字就将人生苦闷局促、又让人觉得刺痛的如在牢笼般的意境活灵活现地展现出来。从生平来看，布罗茨基成为诗人有得天独厚的基因优势：他母亲的职业是德语—俄语翻译，父亲是摄影师，一个擅长语言，一个擅长意象；而布罗茨基的诗歌将这两方面融合到极致。库切在自传体小说《青春》中详细讲述了这句诗如何触动了他。在20世纪60年代，从南非开普敦大学毕业来到英国的库切，一边撰写硕士论文，一边在IBM工作。物质生活的丰富并不能驱赶他精神的迷茫。一直在找寻文学出路的库切喜欢去书店淘各国的诗集，也很喜欢英国广播公司（BBC）第三套节目，因为里面会讲到艺术发展的新方向，如最新的美国诗歌、电子音乐与抽象表现主义等。他听到了从未听到过的音乐，也了解了很多有价值的讲座和讨论。就是在这套节目中他收听了关于俄罗斯诗人约瑟夫·布罗茨基的故事：

在"诗人和诗歌"系列节目里，有个对俄国约瑟

---

❶　Joseph Brodsky. *On Grief and Reason* ［M］. New York：Farrar, Straus and Giroux, 1997：478.

夫·布罗茨基的访谈。因为被判犯有社会寄生虫的罪行，他被发落到冰寒的北方阿尔汗格尔斯克半岛服5年苦役，现在仍在服刑过程中。就在他（库切）坐在伦敦自己温暖的房间里，小口喝着咖啡，一点点地咬着带有葡萄干和果仁甜品的时候，有一个同龄人，和他一样也是诗人，却在整天锯着圆木，小心地保护着长了冻疮的手指，用破布补靴子，靠鱼头和圆白菜汤活着。

"漆黑如针胆。"布罗茨基在一首诗中这样写道。他（库切）无法从心头驱赶走这行诗。如果他曾一夜又一夜地专心致志地、真正专心致志地冥思苦想，如果他能够以绝对的专心使灵感惠降到他头上，他也许可能想出什么可以与之媲美的句子来。因为他知道自己和他想的一样，他与布罗茨基想象的基调是一样的。但是怎样才能够把这些想说的传到阿尔汗格尔斯克半岛去呢？

仅仅根据广播中听到的布罗茨基的诗歌，他就了解了他，彻彻底底地了解了他。这就是诗歌的力量。诗歌是真理。但是布罗茨基对于在伦敦的他却一无所知。怎样才能告诉这个冻坏了的人，他和他在一起，站在他的一边，日复一日，天天如此？❶

所以，库切总结说，布罗茨基的诗歌"再一次告诉他

---

❶ J. M. Coetzee. *Youth* ［M］. London：Vintage, 2003：102.

诗歌应该是什么样的，他自己可以是什么样的"。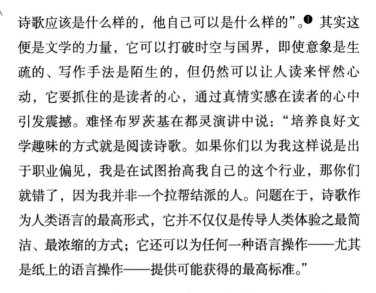其实这便是文学的力量，它可以打破时空与国界，即使意象是生疏的、写作手法是陌生的，但仍然可以让人读来怦然心动，它要抓住的是读者的心，通过真情实感在读者的心中引发震撼。难怪布罗茨基在都灵演讲中说："培养良好文学趣味的方式就是阅读诗歌。如果你们以为我这样说是出于职业偏见，我是在试图抬高我自己的这个行业，那你们就错了，因为我并非一个拉帮结派的人。问题在于，诗歌作为人类语言的最高形式，它并不仅仅是传导人类体验之最简洁、最浓缩的方式；它还可以为任何一种语言操作——尤其是纸上的语言操作——提供可能获得的最高标准。"

二、"感人"是文学创作的不二法则——库切比较欣赏《小于一》的缘由

带着源自 20 世纪 60 年代对布罗茨基作品深切的理解与同感，库切在 20 世纪 90 年代接受《纽约书评》的邀请，为布罗茨基的新著写书评。对具有完美主义倾向、水瓶座的库切来说，写书评比文学创作更费时。一个很典型的事例表现了他的完美主义原则：因为他很熟悉荷兰语诗歌，有荷兰出版社邀请他选出最喜爱的 100 首荷兰诗歌编成选集。但是对于这样的邀请，他婉言拒绝了。他的理由是："这个想法很有吸引力，但我觉得我必须拒绝。我知道自己有些强迫症，如果没有把荷兰中世纪至今的所有诗

---

❶　J. M. Coetzee. *Youth*［M］. London：Vintage, 2003：91.

歌都读上一遍，我会觉得这件事没有做好，我只是没有足够的时间来完成这件事。"❶ 正是这种追求完美的态度让库切在写作布罗茨基的书评之前做足了功课。明明他被邀请写的只是《悲伤与理智》的书评，但是他并不是简单地评价这本书，而是将其与布罗茨基其他的作品放在一起比较。库切特别将该书与布罗茨基的《小于一》做了细致的文本比较。他认为从整体上看，《悲伤与理智》不如《小于一》那样感人，《悲伤与理智》没有体现布罗茨基真正的水准："老生常谈在《悲伤与理智》中的一些评论文章中可谓比比皆是，该集子中的不少文章可能来自给本科生上课的讲稿。布罗茨基总是能随时根据听众的语言接受能力来行事，有时还好用青年人常用的俚词、俗语，这些都有其不利的地方。"❷ 作为一个特立独行的写者，库切不认为作者有必要为了取悦某类读者而做任何改变。他以这样的态度评价布罗茨基的作品，同时他也以身作则。比如，尽管布罗茨基本人在《悲伤与理智》中高度赞扬库切的文学创作功力，库切并没有因此就改变或动摇自己的评价标准去褒扬布罗茨基，他也不会取悦《纽约书评》以及读者的潜在期望，高度评价这本新书。实际上，库切客观地指出，布罗茨基生前出版的这最后一本文集确实体现了他对诗歌美学、历史本质以及流亡诗人的困境等所做的深入探

❶ J. C. Kannemeyer. *J. M. Coetzee a Life in Writing* ［M］. Translated by Michiel Heyns. Melbourne/London：Scribe，2012：578.

❷ J. M. Coetzee. *Stranger Shores* ［M］. Melbourne：Text Publishing，2021：136.

讨，但是当库切说"《悲伤与理智》不如《小于一》那样感人"的时候，他对文学的判断标准已经体现出来了。文学作品好坏很难界定，标准也一直处于矛盾之中，但是库切的这句评价里包含一个最简单的标准，那就是它是否"感人"？他有理有据地表达了自己的观点：在《小于一》中，文学批评的文章写得很精致，不过其中最好的两篇是关于作者对过去的回忆——"一个半的房间"，以及与书同名的篇章"小于一"。细读这两篇文章，读者会发现其特点与库切本人的作品，特别是他所写的自传体三部曲很相似：带着一种克制的情感与深沉的内省回忆过去，通过自然贴切的描写，缓缓地向读者传递某种情绪，并令人浸润其中。

三、从诗，到散文，再到音乐——是否需要分伯仲

20 世纪 80 年代中国文学界开始非常关注作家布罗茨基。他的散文与诗歌感动了大批中国读者，特别是那首献给他终生未能再次相见的前妻巴斯曼诺娃的诗歌《爱》。因为国家政体的差异，他被迫与结发之妻终生别离，身在美国的他只能在夜的黑暗中回忆曾经的美好。该诗以其严谨的结构与韵律、真挚的情感打动了无数诗歌爱好者。30年后，他的文字再次袭来，这次不是诗歌，而是散文集，先是 2014 年出版的汉语版《小于一》，接着是 2015 年出版的汉语版《悲伤与理智》。

《小于一》中有一篇名为"诗人与散文"的文章与本

小节的主题相关。实际上，布罗茨基与库切都有过关于诗歌与散文的观点陈述。布罗茨基直接断言"平等的思想与艺术的天性不符，每一个文学家的思维都带有等级观念"❶。在他的等级观念里，诗歌是语言的最高表现形式，优于散文。他认为诗人能写散文，但是散文家未必能写诗歌；诗人不必向散文家借鉴，但散文家却必须向诗人学习。诗人在创作中功利态度较少，所以更接近文学的本质。"每一位文学家所追求的都是同一种东西：追赶或把握失去的、逝去的时间。"❷ 为了达到这一目的，诗人可以运用停顿、音节，非重音的音步和扬抑格的结尾等手段；而散文家则一无所有。在布罗茨基看来，不论对个人还是整个社会，诗歌都是拯救者。他引用阿诺德的名言："用诗歌代替信仰"，高度强调诗歌的崇高地位与使命。他甚至建议美国政府赞助一个方案，给美国民众发送免费诗集，用里面的英美传统诗歌去影响美国民众的想法，从而抗争纳粹与世界大战。尽管布罗茨基认为诗歌优于散文以及其他艺术形式、尽管他是因为诗歌获得诺贝尔文学奖，但是反讽的是，他在移民美国以及获得诺贝尔文学奖之后所发表的文字却常常以散文与文评居多。比如现在畅销的《小于一》并不是诗集，而是他的散文集。

　　库切认为布罗茨基对诗歌的讨论已经从语言的层面提升到声音的层面。他在评论中如是说：

---

❶　Joseph Brodsky. *Less Than One* [M]. New York：Farrar，Straus and Giroux，1997：176.

　　❷　同上：180.

第十四章　《小于一》——布罗茨基与库切的文学理念交集

"布罗茨基认为诗歌所具有的那些力量似乎更多地属于音乐而较少属于诗歌。比如，与诗相比，时间更为明显地成为音乐的媒介：人们读印在纸上的诗歌作品时，阅读速度的快慢可以随意调整——通常比应有的速度要快——而听音乐时只能以音乐作品自身速度为准。因此，音乐比诗歌更为明确地建构与调整着音乐演奏的时间，并赋予自身以特定的形式。因此，人们不禁要问，布罗茨基谈论诗歌时为什么用和柏拉图一样的方法，把诗也看成是音乐的一种呢？

回答当然是这样的：音韵学的技术性语言可能来自音乐的技术语言，但诗不是一种音乐。具体来说，由于诗用的是词语而不只是声音，因此诗还具有语义的层面；而音乐的语义层面至多也只是内涵的，因而仅占次要地位。"❶

库切一直注意文字语言与音乐语言的关系问题。他认为音乐更具有普遍性，因为人类有不同的语言，却有相通的音乐。而文学也总是要局限于某一种特定的语言。因为文字是由多种语言构成的，它所要表现的内容就需要借助不同的语言载体，如果需要沟通，就需要翻译。库切写过多篇关于翻译的文章，他认为翻译只能翻译出"词"（word），但是有时并不能翻译出"意"（meaning），更不要说文学的艺术美感。那这是不是说我们应该只听音乐，

❶ J. M. Coetzee. Strange Shores Essays 1986—1999 ［M］. London：Vintage，2002：155.

不要读文学作品呢？答案当然是否定的，作为不同的艺术表现形式，它们从不同的方面提供给人类艺术的美感。既然音乐与文学可以共生，文学中的诗歌与散文又何必要自相残杀，必分高下呢？

抛开这两位作家关于诗歌与散文地位的争论，他们所关注的内容是一致的，那就是文学艺术的功能问题。文学与音乐一样，都是用于表达作者的主体情感。维特根斯坦在《哲学研究》中说过，"说出一个词就如同在想象的琴键上弹奏一个音符"。《尚书·尧典》的"诗言志，歌永言"是我国古代文论中最早概括诗歌抒情达意基本特点的表述，同时也强调了歌可以延长文字意义的功能。《文心雕龙》中的"心生而言立，言立而文明，自然之道也"则更具体地说明文学是用来表达人的情志。在这里，不论是"言"，还是"文"都来自"心"。所以不论是诗歌与散文，还是音乐与文学，它们最终都应该回归到"心"，或者用库切评价布罗茨基作品所用的词汇——"感人"。只有感人的作品才有可能成为经典。库切在"何为经典"一文中讲到了他被经典感动的实例。

"1955 年，我十五岁。这年夏天的一个星期天下午，我正在位于开普敦隆德伯西我们家的后院里闲荡，内心烦闷，也不知该做什么好。可就在我闲荡时，突然听到从隔壁人家传来的音乐，这音乐勾魂摄魄，我待在原地，屏住呼吸，直到曲终。音乐如此打动我，这还是我平生以来从未有过的事情。我当时听到的录音是用羽管键琴演奏的巴赫的《平均律钢琴曲集》中的一首。我也是在后来比较熟悉古典音乐时，才知道那首乐曲的名字。"❶ 对于这种经典的音乐，库切并没有将其神化，而是指出它之所以成为经典的原因："巴赫的音乐中没有什么是艰涩难懂的，没有任何音阶是神奇得无法模仿的。然而，当连续的音符渐次响起，在某个特定的时刻，这些音符的组合就不再是零散音符的纯粹组合。这些音符和谐地形成更高层次的东西。"❷ 这种"高层次的东西"不仅存在于经典音乐中，也存在于经典文本中。它体现与激发着我们对人性的思考，复杂深奥而又令人无法割舍。我们接着从库切对古典音乐的评价说起。他从西贝柳斯第五交响乐中可以听到人性的复杂。他说："随着乐曲的终止，我确实体会到音乐所要带来的那种宏伟澎湃的情感。我在想，将近一个世纪之前，在赫尔辛基那个城市里，当一位芬兰人听到这首交响曲的首次演奏，感受到那种激情澎湃，那会是什么样子？答案是：他会感到自豪，自豪于我们人类中的一员可以创造出这样的音乐，可以从'无'中生出如此的'有'；与此截然相反的是，我们现在要感受的是一种耻辱感，因为我们当下的人类创造出来的是关塔那摩湾。一方面是美妙的音乐，另一方面是带来痛苦耻辱的机器：最好的与最坏的都是我们人类所能做的事情。"❸

❶ J. M. Coetzee. Strange Shores Essays 1986—1999 ［M］. London：Vintage，2002：9.

❷ 同上：10.

❸ J. M. Coetzee. Diary of a Bad Year ［M］. Melbourne, Australia：The Text Publishing Company，2007：41.

四、艺术经典所传承的爱与担当——关于《小于一》的思考

库切与布罗茨基都是远离故乡、漂泊世界，进行文学创作的个体。创作对于他们孤独的心灵而言是一种药。布罗茨基在诺贝尔文学奖致辞中说："诗人写诗，首先是因为诗的写作是意识、思维和对世界感受的巨大加速器。一个人若曾经体验到这种加速，他就不再会拒绝重复这种体验，他就会落入对这一过程的依赖，就像落入对麻醉剂或烈酒的依赖一样。"库切实际创作小说的过程也表明文学创作已经成为他日常不可不做之事。不论生活中发生什么，他每天都要写作，包括星期日及节假日。他喜欢在清晨的时候写作，那时他的头脑是清新与清醒的。他先是在纸上写稿子，多次修改，满意之后再用打字机打出来或存在电脑中。在一次采访中，斯蒂芬·沃森问库切，他进行文学创作是否有种被迫的感觉。他回答说："那远不止被迫。如果我写，我觉得很糟糕；如果我不写，我会觉得更糟糕。"这种将创作作为一种疗伤作用而发自内心的呼唤，最终要在读者的心灵中找到呼应。艺术的力量在于感人，那么不论散文、诗歌，抑或音乐，如果它们有足够感动的力量，它会穿越时空、超越不同类别的语言与艺术载体。布罗茨基有一个比喻非常生动："一位流亡作家，就像是被装进密封舱扔入外层空间的一条狗或一个人（自然更像一条狗，因为他们不会将你收回）。而这密封舱便是你的语言。要让这个比喻更完整些，还必须补充一句：不久，

这密封舱的乘客就会发现，左右着他的不是来自地球，而是来自外层空间的引力。"❶ 这句话让笔者联想到电影《星际穿越》。布罗茨基应该喜欢这部电影的展现方式，因为电影除了美妙空灵的音乐之外，其精神主线是通过他所推崇的诗歌形式来展现的。迪伦·托马斯的诗歌"不要温驯地步入良宵（Do not Go Gentle into That Good Night）"原本是托马斯为他垂暮的老父亲所作，充满着子女对父辈的眷恋与不舍。在 50 年之后，它逆向剧透了《星际穿越》，在该电影中多次被诵读。这再次验证了布罗茨基对诗歌力量所做的高度评价。谁敢说，导演克里斯托夫·诺兰在编导中没有多次默诵托马斯的这首诗歌。贯穿电影全篇并被最终点出的主题是：不论在何种时间、何种空间，甚至在那个我们并不了解的五维空间，在黑洞尽头的书架魔方中，一直发挥作用的不是"幽灵"，而是父亲库珀对女儿墨菲的爱与承诺，或者说科学家艾米莉亚·布兰德对人类的大爱与担当。这一点又可以回到布罗茨基的《小于一》。当他说到"小于一"这一概念时，他的原话是："一个孩子对父母管束的反感与一个成年人面对责任的恐慌具有同样的性质。一个人既不是孩子也不是成人；一个人也许是小于'一'的。""小于一"实际上是有关"爱"与"担当"。不论孩子，还是成人，对于成长的困难或是责任的恐慌都需要采用一种不畏困难、勇于担当的态度。就像

❶ Joseph Brodsky. *On Grief and Reason* ［M］. New York：Farrar, Straus and Giroux, 1997：32.

《星际穿越》里的两位库珀教授（一个是爸爸，一个是女儿），是父亲通过爱传递给他女儿一种力量，让她能够最终找到拯救人类的方法。不论是流亡者布罗茨基、流散者库切，还是电影中的 NASA 宇航员、研究繁杂数据的科学家，真正的出路在于：知晓自己可能处于"小于一"的状态，接受自己必须面临困难的现实，然后勇敢地接受人生必须经历的苦难，无畏地去解决前行中的任何障碍，有担当地为人类的存在贡献力量。没有一个人天生是懦弱者，我们需要文学的力量来激发我们内心深处对美好人性的期许。正如布罗茨基在都灵致辞中所说的："我们阅读，并不是为了阅读本身，而是为了学习。"

　　社群中的每一个个体可能都会觉得自己是"小于一"的，从而没有了淡定，但是时代需要感人的文学作品来描述我们可能遇到的困境，进而激发我们对这个世界的担当。作为希望有所感悟的读者，我们也可以换个角度去思考《小于一》这本经典文论集。我们在意识到自己"小于一"的心态后，是否能坦然地承认这种困境，然后尝试着勇敢地解决它。当我们明白那困境中出现的都是我们要面临且必须解决的问题，在心理上不畏惧、不慌张，那么任何问题都更容易解决，同时在这个过程中，人也能够学会有更多的担当。所以一部好的文学作品应该富含某种能量，不是让读者畏惧困难，而是让读者通过阅读而学会无畏，在任何的社群中都可以泰然处之。

第十五章　库切评菲利普·罗斯作品——当社群遭遇瘟疫之灾[1]

　　在库切2017年出版的文集中，每一篇文评讨论一位经典作家。这些作家基本都是早已去世的，比如：笛福、霍桑、歌德、福楼拜、托尔斯泰、贝克特、帕特里克·怀特等，而菲利普·罗斯（Philip Roth）是当时该书出版时，所有章节中唯一的一位仍然在世的作家[2]。这在一定程度上说明了库切对罗斯，这位当代作家的重视。库切在这篇关于罗斯的文论中，特别关注的是他的小说《天谴》（Nemesis）。库切对此书及其作者评价很高，他认为该小说情节构思的一个巧妙之处在于主人公巴基身份的变化——从逃离疫区的人，转变为疫情的引发者。而那些认为自己在度假地、远离城市里正在流行的病毒困扰的人，可能只是天真地认为自己是安全的。库切将此书与罗斯其他三本"天谴"系列的小说（《谦卑》《凡人》和《愤怒》）放在一起，发现这些作品中有一个共同的悲剧性规则：最微小的失误可以导致悲剧性的后果，这是任何一个社群都应该避

---

[1]　本章节出版于《英语学习》2020年第6期。

[2]　该作家已经在2018年5月22日去世。

免的倾向。

当不受国籍限制的新冠病毒感染疫情让人们防不胜防的时候，我们悲哀地发现人类在遭遇无法避免的灾难。——就业受到影响，出行受到影响，食品供应受到影响，人际关系包括社交距离受到前所未有的挑战，这些影响是阅读可以帮助改变的吗？特别是疫情导致的心理问题的最严重后果——自杀：发现自己感染新冠病毒自杀的，身在异国回不了家自杀的，求学的孩子受不了孤独自杀的，失业无法养家糊口自杀的…… 这个时候，阅读还有用吗？一方面说，真的没有用，除非阅读能让读者找到治好新冠病毒感染的方法，买到归国的机票，有前景可期的未来，有可以维持生计的工作，有可以买到的食物，否则真的没有用。而另一方面，如果面对疫情毫无招架之力的时候，阅读的习惯确实可以帮助人们筑起一个避难所，进而走出自身的困境。远观人类瘟疫的历史，就像 T. S. 艾略特看待"二战"一样，放到人类漫长的历史长河中去看，不过就是历史打了一个嗝。在生命还在的时候，能做到的事情是充实自己的灵魂，找到自我安慰的方法。从这个角度看，阅读是有作用的。比如，读完马克·霍尼斯鲍姆的《人类瘟疫百年史》，你就会明白，不要说 14 世纪的黑死病，17 世纪的伦敦大瘟疫，仅仅看最近的 100 年，人类就经历了一次又一次的传染病的威胁：从 1918 年的西班牙流感，20世纪 20 年代的鼠疫、30 年代的鹦鹉热、70 年代的军团病、80 年代开始的艾滋，2003 年的 SARS，2013 年的埃博拉，2015 年的寨卡，直到 2020 年的新冠病毒感染疫情。从这

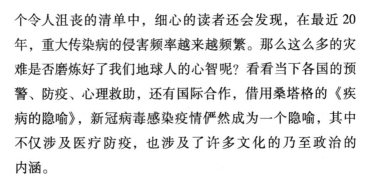

个令人沮丧的清单中，细心的读者还会发现，在最近 20 年，重大传染病的侵害频率越来越频繁。那么这么多的灾难是否磨炼好了我们地球人的心智呢？看看当下各国的预警、防疫、心理救助，还有国际合作，借用桑塔格的《疾病的隐喻》，新冠病毒感染疫情俨然成为一个隐喻，其中不仅涉及医疗防疫，也涉及了许多文化的乃至政治的内涵。

古今中外，有许多文本都包含着瘟疫叙事，比如：较早的有 14 世纪意大利作家薄伽丘的《十日谈》、18 世纪英国作家笛福的《瘟疫年纪事》；当代著名的作品有法国存在主义作家加缪的《鼠疫》。中国现当代也有一些关于瘟疫等疾病传播的文本，比如毕淑敏的《花冠病毒》和迟子建的《白雪乌鸦》等。中国漫长的历史长河中也留下了很多专门介绍瘟疫治疗的古代医书文本，比如东汉张仲景的《伤寒杂病论》等。这些文本不外乎有两个目的：一个是展现瘟疫流行时暴露出的人性；另一个是提供对付瘟疫的具体方法。

《天谴》是菲利普·罗斯的封笔之作（首次出版于 2010 年），在英语世界拥有广泛的读者群体。这是作者 30 多部作品中的一部。出生于美国新泽西州纽瓦克市、一个中产阶级犹太人家庭的罗斯，在一生中做过很多事：除了创作 30 多部小说，他也写戏剧、文评，还做过编辑和电影编剧，还是比较文学专业的教授；他也拿到过数不清的奖项：其中包括布克国际奖、美国国家图书奖、普利策奖，等等。所以人们戏称，除了诺贝尔奖，他几乎把各项重要的文学大奖拿全了。为了强调他在美国文学史上的重要性，英语国家的人用首韵法的方式，把他称为美国的3L（Living Literary Legend，在世的文学传奇人物）。纵观他的一生，其成就不仅来源于他的勤奋，更多的是来自他独特而敏锐的洞见，以及具有煽动性和迷惑性的直率。比如他的小说《萨巴斯的剧院》中的主人公是一个纵欲无度的犹太逆子，丝毫不顾及任何社会伦理道德或规范禁忌。读罗斯的《垂死的肉身》《萨巴斯的剧院》或《教授欲望》，会让人想起库切的《耻》。《耻》中的卢里教授认为性是私人的事情，是美好的事情。他反对将其变成公众的事情，认为如果那样，就是"回到了清教徒的时代，私生活成了公众的事。"《欲望教授》中的凯普什教授则会先给自己定好规矩：在学生完成期末考试之前绝不和他们有任何私人接触，但期末考试后，他会在自己的寓所举行聚会，邀请学生参加，与那些对他好奇或感兴趣的女学生进一步交往。萨巴斯则更加无畏，当他因为与女学生的色情电话录音被校方发现时，他丝毫不认为自己犯了什么错，反而觉得自己是政治正确的牺牲品。

《天谴》这部小说的故事叙述分三部分，前两个部分的时间背景是疫情发生期的1944年夏天，地点是美国的纽瓦克（Newark）。主人公是23岁的巴基·坎托（Bucky Cantor）。因为视力原因，他不能应征入伍参加第二次世界大战。他在一所中学找到一份当体育教师的工作，在不知道自身可能携带脊髓灰质炎病毒的情形之下带着学生们一起锻炼。后来巴基在女朋友的要求下去了她所在的夏令营驻地工作，结果那里也暴发了脊髓灰质炎疫情，而他被确诊为无症状病毒携带者。第三部分则是将近 30 年之后的 1971 年，巴基与他昔日的学生阿尼（Arnie Mesnikoff）重逢，而阿尼是被他传染病毒而终生身体残疾的，读者可以从这个学生的视角重新了解巴基的心路历程。巴基的失误在于，他最初并不知道自己是病毒携带者，因此在体育训练时传染了自己的学生；之后，他被爱情驱使，听从了女朋友的劝说，离开纽瓦克，去了夏令营驻地所在的度假胜地陪伴她，结果导致了那里脊髓灰质炎疫情的暴发。本章节的目的是顺着库切和菲利普·罗斯的思路，把脊髓灰质炎这种传染病在纽瓦克的流行问题延展开去，探究文本可以给社群提供的抗衡瘟疫的经验。

一、瘟疫的反复性

《天谴》的开篇短短几段对脊髓灰质炎的背景和发展作了比较全面的介绍。尽管纽瓦克的脊髓灰质炎传染病开始于 1944 年夏天，作者也提到 1916 年该传染病已经在美国暴发过，但关于脊髓灰质炎在地球上存在的时间段和地点，绝不仅仅是 1916 年或是 1944 年的美国。其实，脊髓灰质炎侵扰人类已有几千年的历史，甚至在已出土的古埃及王朝石版画上也有对小儿麻痹病人姿态的描绘。脊髓灰质炎病毒主要侵犯儿童，感染者的症状有发热、全身不适，严重时肢体疼痛，发生分布不规则和轻重不等的弛缓性瘫痪，这也是为什么它的俗称是小儿麻痹症。这种病不仅感染儿童，成年人也会因感染发病而导致残废。《天谴》

开篇第三段就介绍了一位著名的脊髓灰质炎感染者——美国总统富兰克林·罗斯福的病例，以及他所发起创建的全美最大的脊髓灰质炎基金。原来，罗斯福不仅仅是带领美国人民抗击大萧条和法西斯的功臣，也是促成脊髓灰质炎疫苗研发的推动者。关于罗斯福创建的基金，在美国历史学家戴维·M. 奥辛斯基（David M. Oshinsky）2005 年出版的获得普利策奖的书籍《他们应当行走：美国往事之小儿麻痹症》（*Polio，An American Story*）中曾有介绍。从某个角度看，罗斯福的感染让美国民众真切感到传染病并非如他们所认为的那样只会感染贫民窟里的孩子。当时 39 岁的罗斯福精力充沛、体格强健、家境富有，似乎不应该感染这种病。就美国而言，仅从这一本小说或一个历史文本中，我们就可以看到这一传染病在 20 世纪上半叶不断困扰着美国人的生活。无论美国人当时有着怎样的阶级和地位差异，他们对脊髓灰质炎都束手无策。

另外，也是在《他们应当行走：美国往事之小儿麻痹症》这本关于美国脊髓灰质炎历史的介绍中，作者提到，富兰克林·罗斯福感染脊髓灰质炎的 1921 年，恰恰是 1918 年西班牙流感暴发的尾声期间，而他本人很可能也感染过西班牙流感。"1918 年西班牙流感肆虐期间，富兰克林·罗斯福在一艘远洋客轮上生了病。整个旅程他都躺在床上，意识模糊，浑身发抖。他还得了双侧肺炎，差点丧命。"❶ 而双侧肺炎不论是在西班牙流感，还是在新冠病毒感染疫情中，都是感染病毒之后常出现的疾病表征。该书中提到的一个数据也值得人们反思：当时"死于西班牙流感的美国军人数多达 44000 人，几乎相当于战死的人数（50000 人）"❷。瘟疫与战争其实就是"孪生兄弟"，《天谴》把这两个孪生兄弟同时纳入小说的时代背景：一个是纽瓦克的脊髓灰质炎的大流行，另一个是第二次世界大战。主人公因为自己不能参加"二战"而自责，并希望在抗击脊髓灰质炎的过程中有机会展现自己的英勇。严格地说，瘟疫比战争更伤人、更残忍。战争中，士兵还可以举手投降，缴枪不杀；瘟疫根本不给人类求饶讨命的机会。比如在这部小说中，第二次世界大战结束后，巴基的好友戴夫毫发无损地从欧洲战场回到了美国，而巴基却仍在康复医院里，因为脊髓灰质炎而外貌受损、身体致残。瘟疫对人类的折磨从未停息过，它伴随着人类文明的进程，也影响着整个人类历史的走向，决定着文明的兴衰、社会的更迭和人类的迁移，同时给作家提供了一个沉重的、带有集体记忆的主题。

二、恐惧的必然性

纽瓦克人对脊髓灰质炎充满了恐惧，根源在于他们不

---

❶ David M. Oshinsky. *Polio：An American Story*［M］. Oxford：Oxford University Press，2005：27.

❷ David M. Oshinsky. *Polio：An American Story*［M］. Oxford：Oxford University Press，2005：103.

了解这种传染病，不知道它的源头以及如何防治。对于任何未知的危险，人们的恐慌反应是必然的，而恐慌的问题是它会让人失去理智，于是哄抢、谣传和歧视就会出现。纽瓦克人先是表现出对动物的恐惧。苍蝇、蚊子、鸽子、猫、狗都被怀疑是病毒的载体和传播源。当地卫生防疫部门专门开展了清除街头所有野猫的行动。接着是对其他人的恐惧。在这座城市里，人们的想法以及孩子被警告的预防传染的说法让人读起来似曾相识："人们所知道的是，这种疾病具有高度传染性，只要与已感染者靠近，健康的人很可能就会被传染。正是因为这个原因，随着城中确诊案例的增长，人们的恐惧也随之增长。我们附近的许多孩子被父母禁止使用附近欧文顿奥林匹克公园的大型公共游泳池，禁止去当地'冷爽'电影院看电影，禁止乘坐公共汽车进城，或去威尔逊大街看我们的联盟球队——纽瓦克熊队在鲁珀特球场打棒球。我们被警告不要使用公共厕所或公共饮水器，也不要喝别人汽水瓶中的饮料，不要和陌生人玩耍，不要从公共图书馆借书，不要触摸使用公共电话，也不要在街头小贩那里购买食物，吃饭之前一定要用肥皂和水彻底清洁双手。我们吃水果和蔬菜之前一定要将其洗净，如果有人看着有病或抱怨任何脊髓灰质炎症状，一定要与其保持距离。"❶

对其他群体的恐惧和猜忌最典型的体现，是对病毒最先暴发区域人群的歧视和谣言，而谣言和不公平对待发展

---

❶ Philip Roth. *Nemesis* [M]. Boston：Houghton Mifflin Harcourt, 2010：6.

到某种程度就会引起相关群体的抗争。比如，当纽瓦克意大利人聚居的贫民区被认为是病毒的发源地而备受歧视之后，这一区域的意大利裔居民，特别是易冲动的年轻人开始反抗。一群意大利裔青年开车到犹太人聚居区学校的体育场挑衅，朝着过道吐口水，口口声声说要传播病毒。对于这样的恶意挑衅，作为在场的体育老师，巴基勇敢地直面和驱赶他们，并在他们走后用热水和氨水清洗过道。但是，巧合的是，之后学校有两个孩子感染，接着 2 天之内又增加了 11 例病例，所有的人都认为是意大利裔青年向他们传播了病毒。在这个时候，巴基希望制止这种没有被证实的谣言。他冷静地告诉居民那是心怀不满的年轻人的闹剧，并没有病毒传染。巴基和女友的父亲斯坦伯格医生谈论当时人们的恐慌，以及对他无端指责的困惑。医生对他说的一句话成为该书想传递给读者的一个重要信息：在对抗病毒的过程中"恐惧越少越好，因为恐惧让我们失去人性，恐惧让我们退化，你和我的工作就是让这些恐惧变得更少。"❶ 作为智者，这位医生知道，有时候恐惧可能会变得比病毒还可怕。而且，他也是一个敢于正视恐惧和人类局限性的人。他告诉巴基，"你被现在所发生的事情吓到了，但是强有力的人也被吓到。你必须了解，我们当中许多比你年龄更大、经验更丰富的人也会对此感到震惊。身为一名医生，无法阻止这种可怕疾病的蔓延，这对我们

---

❶ Philip Roth. *Nemesis* ［M］. Boston：Houghton Mifflin Harcourt, 2010：106.

所有人来说都是痛苦的"❶。

三、心理疏导的必要性

巴基在疫情期间努力带领学校的孩子进行体育锻炼的原因有两个。除了作为体育老师，带孩子强身健体是他的职责以外，另一个原因是他也渴望像那些去战场的同伴一样为国家英勇出力，对待病毒绝不能恐惧和退让。小说中有许多篇幅描写了巴基因为视力原因而不能入伍的惆怅。也就是说，做好体育教师的工作是给他带来心理满足的重要内容。在整个抗击传染病的过程中，他可能感到过恐慌，但是确实做到了没有退缩。如果把巴基比作一个战士，他在努力做一个英勇无畏的战士。但是梳理巴基的一生，他是一个非常需要心理疏导的人，在不同的阶段，如果有更好的心理疏导，他的生活可能会更美好。小说的第三部分通过师生 30 年后重逢与交流，充分展示了瘟疫经历者可能存在的严重心理问题及其导致的长期影响。

巴基对阿尼讲述了自己从出生开始就经历的各种"错误"。他的母亲在生他的时候去世；他的父亲是一个小偷，也是一个赌徒，所以尽管他的祖父母待他很好，但是童年母爱的缺失、父亲的不负责任等经历自然让他产生痛苦和无力的感觉。然而在生活中，巴基仍旧会努力做到最好。到了青年时代，他发现自己的努力和回报完全不成正比，

第十五章　库切评菲利普·罗斯作品——论社群遭遇瘟疫之灾

---

❶　Philip Roth. *Nemesis*［M］. Boston：Houghton Mifflin Harcourt，2010：104.

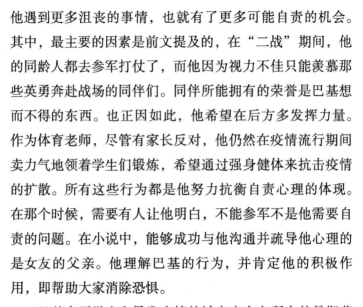

他遇到更多沮丧的事情，也就有了更多可能自责的机会。其中，最主要的因素是前文提及的，在"二战"期间，他的同龄人都去参军打仗了，而他因为视力不佳只能羡慕那些英勇奔赴战场的同伴们。同伴所能拥有的荣誉是巴基想而不得的东西。也正因如此，他希望在后方多发挥力量。作为体育老师，尽管有家长反对，他仍然在疫情流行期间卖力气地领着学生们锻炼，希望通过强身健体来抗击疫情的扩散。所有这些行为都是他努力抗衡自责心理的体现。在那个时候，需要有人让他明白，不能参军不是他需要自责的问题。在小说中，能够成功与他沟通并疏导他心理的是女友的父亲。他理解巴基的行为，并肯定他的积极作用，即帮助大家消除恐惧。

巴基离开学生和暴发疫情的城市去女友所在的暑期营地，并非要躲避病毒传染。从头到尾，他都在勇敢无畏地与病毒抗衡。当他的女友最初要求他接受暑期营地的工作，他马上断然拒绝；但是之后因为得到了女友父亲的首肯，可以与女友结婚，这意味着另一个爱与家庭的大门将向他打开，他做出了改变。他的家庭责任感出现了，他有义务照顾他的未婚妻，经营他的未来生活。恰巧在这时，他因为自己班里两个孩子感染而被家长责难。两个因素促使他决然地和校长说要辞职去女友那里。不了解情况的校长当然会认为他是临阵脱逃，而他带着不被校长理解的复杂心态去了暑期营地。

在心理学家看来，一个人童年时期形成的行为方式对其影响极深；如果有童年阴影，那这阴影可能会笼罩一人的一生。巴基儿时的经历就是他人生的第一道阴影；青年不能参军是第二道阴影；第三道阴影来自他在瘟疫暴发期的经历。因为对爱和家庭的渴望，他决定跟随女友到暑假营地。然后，他将遭受更大的心理打击。巴基有很长的一段时间是无症状病毒携带者，包括他在学校带领学生运动的时候，但是他自己并没有意识到这一点。他觉得自己可能是无症状感染者的情况发生在他到达营地之后。因为就是在他到达之后，那个本来没有任何病例的地方出现了感染者，而且是与他有密切接触的学生。他马上坦诚地将自己的猜测告诉了驻地医生。经过检测，他的猜测被证实。两天之后由于病毒发作，他被送入医院治疗。巴基还是比较幸运的，因为区域原因，他所去的医院还没有到人满为患的程度。在治疗中，他目睹了更多的孩子如何遭受疾病的侵袭，自己也经历了 14 个月的治疗与恢复期。在这期间，他的女友对他不离不弃，仍旧希望与他组建家庭，共同生活。他则完全放弃了向女友求婚的计划，尽管女友和家人都敞开胸怀接纳他，但是他还是退缩了，冷冷地拒绝了女友的恳求。他一辈子没结婚，也没有再回到自己曾经工作过的学校。按照他对阿尼解释的原因，他觉得自己就像"伤寒玛丽"，在没有任何症状的情况下传染了十几个孩子。他的这些心理和表现是心理学研究中典型的创伤后应激障碍（Posttraumatic Stress Disorder，PTSD）❶。

❶ 参见 Schiraldi, G. R. *The Post – traumatic Stress Disorder Sourcebook：A Guide to Healing，Recovery，and Growth*［M］. Los Angeles：Lowell House，2000：7.

这种自我惩罚的行为是常人不容易理解的，但是溯源巴基的成长过程，这种结果又是一种必然。分析这种病态的自责情结，其根源在巴基儿童时代就埋下了种子。比如，他在儿童时代的无力感让他更容易产生自责倾向。这种过度的自责也将损害他对自身正面、积极的评价，让他面对生活时变得更加悲凉、敏感和郁闷。读者明白巴基的自责是没有必要的，他的母亲是生他的时候死去的，但是生他与否不是他本人可以决定的；他的父亲偷盗也不是他的影响所致；不能参军当然不是他的错。但是，对于当事人巴基而言，所有这些痛苦和耻辱的经历积累起来，到了最后，又经历瘟疫的暴发，目睹同医院那么多病人的悲惨遭遇，联想到自己曾经感染的十几名儿童，包括女友的妹妹，他的自责感挥之不去。与女友结婚的快乐憧憬仍旧敌不过他对自己的人生否定，所以他才会拒绝和女友结婚生子。另外一个可能的拒婚原因是他对渴望而不得的爱已经产生恐惧感。他渴望母爱，但母亲去世了；他爱女友，但是也恐惧会因此连累女友。当然也有可能他正是出于爱自己的未婚妻，而不希望自己的残疾有损她完美的生活。小说中，他一直是根据自己的想法行事，而读者可以看到，很多时候他其实应该打开心房，听一下别人的劝解。他的学生巴尼是一个努力帮他疏导心理的人，作为一个被老师感染的学生，他没有怨恨，他关心老师的状况，陪他聊天，提醒他不要把自己放到替罪羊的位置，希望他从自责的心态中走出来。

关于对人性的理解和瘟疫期间大众心理的把握，小说中最值得称道的人物是巴基女友玛西娅的父亲。作为医生，除了专业医疗知识以外，他的睿智话语是小说的亮点，同时，他也是给过巴基许多心理慰藉的人。当巴基听说两个感染病毒死去的孩子的妈妈的责怪，是因为他领着孩子们锻炼导致这样的结果，他很焦虑，但是女友的爸爸安慰他，指出处于巨大痛苦，或者遭遇疾病的不公时，人会变得歇斯底里，他们会口不择言。但是孩子们踢球不会让他们得病，是病毒让这些孩子们得病。作为医生，他可能还没有成功了解脊髓灰质炎，但是了解人类。他提醒巴基，责任感放错了位置是有害的。这句话对巴基的心理疏导本应该发生非常重要的作用，因为它点出了巴基心理问题的实质，但是令人遗憾的是，当时的巴基并没有听明白，他仍旧固守自责情结，还没尝试就先行放弃自我肯定，导致他没有力量走出来去迎接爱情和家庭。由此可见，病毒给人类的打击不仅是身体上的，还会是心理上的。而看得见的身体的病症可以被医生治好，看不见的心理的疾病会影响人的一生，危害性更为强大可怕。

库切在书评中对巴基有一个非常敏锐的评价。他认为，"对于巴基而言，他做出导致他开始犯错的决定的那个瞬间，他是看不清楚的"[1]。库切还将这个情节与索福克勒斯的《俄狄浦斯王》类比，因为两部小说中有同一个主题——对抗瘟疫斗争中的领导者并不知道，自己就是瘟疫

① J. M. Coetzee. *Late Essays*：2006—2017［M］. London：Harvill Secker, 2017：40.

的引发人。《俄狄浦斯王》中，由于俄狄浦斯在不知情中犯下了"弑父娶母"的大罪，瘟疫与饥荒降临忒拜城。他带着臣民向神祇求解，希望找到瘟疫的源头。结果，先知提瑞西阿斯让他意识到自己早已经陷入了弑父娶母的不幸命运——被他杀的拉伊俄斯是他的父亲，已经与他结婚生了女儿的伊俄卡斯忒是他的母亲。最后，知道真相的他，后悔莫及，刺瞎自己的眼睛，放弃王位远走他乡。《天谴》中的主人公也曾经希望作为一个引领者，通过带领着学生们一起锻炼、强身健体抗击瘟疫；而最终却像俄狄浦斯一样，痛苦地发现自己其实是病毒的引发与携带者。两人都曾心怀理想与抱负，努力做到最好，但是等来的结局却是要为自己不知情中犯下的错误终生备受心理煎熬。如果我们并置这两部作品以及更多类似的小说，从高处俯视，能看到更多的真相：当人们为并非自己所犯的错误而感到自责时，他们没有意识到自己仍在犯错。

诚然，阅读文学作品并不能帮助我们彻底打败病毒或疫情，但却能帮助我们冷静地思考如何面对它，避免重蹈覆辙，明白只有通过互相的理解和帮助才可能在这种人类不可能赢的战役中少受一些伤害。《天谴》通过巴基这个人物提醒社会关注感染者，特别是无症状感染者的心理健康。这种心理关注不仅应该贯穿疫情发生的过程——患者最初发现自己可能感染时，会有焦虑情绪；在早期医疗信息资源不畅时，会恐慌甚至愤怒；如果自己把家人或朋友感染了，会感到内疚与自责；即便是病愈，也会考虑会不会遭受别人的歧视和排斥，给别人带来麻烦。在疫情发生之后，心理关注也应该长期持续。比如在《天谴》中，即便疫情过去了 30 年，即便巴基没有经历愚昧残酷的社会歧视，即便他看似是一个独立且平静的人，事实却是他已经完全封闭了自己的人生，他是一个遭受过严重心理创伤且未愈的个体，需要专业人士的心理疏导。

从某个角度说，一场大的瘟疫之后，整个社会都会遭受 PTSD 影响，需要心理关注和引导。没有任何人可以单枪匹马解决所有的问题，也不可能不受制于任何外部影响而始终保持稳定的状态。与"天谴"系列的其他三本小说一样，《天谴》里的巴基不是超人，而是像我们一样的凡人。虽然承受着人生的种种失落和遗憾，但我们仍然还要往前走，用各自不同的方式驱走黑暗的心魔。罗斯对于瘟疫的哲学思考，最美之处在于小说的结尾。他用很长的篇幅描述年轻的巴基在体育场上优美有力地将标枪投向远方，那种美感让巴基看起来是不可战胜的。这也是库切在评论罗斯这部小说时所盛赞的地方。他认为这个结尾的转折设计非常巧妙。

在文学作品中，笔者想到的另一个可以与之媲美的场景是在《鼠疫》一书中，里厄医生的母亲照顾鼠疫感染者塔鲁的一个场景：她的沉静、谦逊和善良散发出一种光芒，这种光芒带着温暖和希望与鼠疫这瘟神坚韧地抗衡。不论瘟疫继续存在与否，不论未来还要忍受多少命运的艰辛，人类社群需要且有能力追求的是生存的美感。正如《鼠疫》扉页所引用的丹尼尔·笛福的一句话："用另一种囚禁来描绘某一种囚禁生活，用虚构的故事来陈述真事，两者皆可取。"因为讲故事的人其实是希望通过故事来隐喻现实，就如同希利斯·米勒在《小说中的社群》和其他文论中一直强调的，文学隐喻性的语言永远不能被忽略。

纵观库切 50 多年的文学作品，他也一直在利用文学语言的隐喻性来描画人所遭遇的精神困顿和坚韧。他清楚精神困境的根源就是国家、种族、文化背景和意识形态的差异。既然差异是必然存在的，而库切给出的"医治人类疾病"的药方，首先是坦然地面对差异、承认并尊重差异性，这是合作的前提。在接受差异性之后，人类才能够有能力运用共情的手段，形成爱的社群。《等待野蛮人》中的老行政长官和里厄医生，以及斯坦伯格医生一样，理解人性的弱点，并对之宽容以待。老行政长官也是面临苦难坚韧回应的典范，他经历各种磨难和不公平的待遇之后，仍旧能够保持共情的能力——带领民众共同抗击不可预知的困难。这种社群能力是后现代社群建设的根基。

参考文献

［1］ ADAMS D. Colonial Odysseys: empire and epic in the modernist novel ［M］. Ithaca: Cornell Univ. Press, 2003.

［2］ ARAC J, JOHNSON B, ed. Consequences of theory ［M］. Baltimore: Johns Hopkins Univ. Press, 1991.

［3］ ARMSTRONG S J, RICHARD G B, ed. Animal ethics reader ［M］. London: Routledge, 2003.

［4］ ASHCROFT B, GRIFFITHS G, TIFFIN H. Empire writes back: theory and practice in post – colonial literatures ［M］. New York: Routledge, 1989.

［5］ ATTRIDGE D. J. M. Coetzee and the ethics of reading: literature in the event ［M］. Chicago: Univ. Of Chicago Press, 2005.

［6］ ATTWELL D. J. M. Coetzee and the life of writing: face – to face with time ［M］. Melbourne: The Text Publishing Company, 2014.

［7］ ATTWELL D. J. M. Coetzee and South Africa: history, narrative, and the politics of agency ［D］. Austin: Univ. of Texas, 1991.

［8］ ATTWELL D. The problem of history in the fiction of J. M. Coetzee ［J］. Poetics today 11, 1990: 579 – 615.

［9］ ATTWELL D. J. M. Coetzee: South Africa and the politics of writing ［M］. Berkeley: Univ. of California Press, 1993.

［10］ AUSTER P, COETZEE J M. Here and now, letters 2008 – 2011 ［M］. New York: Viking Penguin, 2013.

[11] BAKHTIN M M. Towards a reworking of the Dostoevsky book [M] //Problems of Dostoevsky's poetics, Trans. & ed. EMERSON C. Minneapolis: Univ. of Minnesota Press, 1984.

[12] BANVILLE J. Vivisection at trinity [N]. The Irish times, 2008 – 10 – 09.

[13] BHABHA H. Nation and narration [M]. London: Routledge, 1990.

[14] BHABHA H. The location of culture [M]. London: Routledge, 1994.

[15] BHABHA H. Difference, discrimination and the discourse of colonialism [M] // The politics of theory. Ed. Francis Barker et al. Colchester: Univ. of Essex Press, 1983.

[16] BLOOM H. Poets of sensibility and the sublime [M]. New York: Chelsea House, 1986.

[17] BLOOM H. The anxiety of influence [M]. New York: Oxford Univ. Press, 1997

[18] BRINK A, COETZEE J M, ed. A land apart: a contemporary South African reader [M]. NY: Viking, 1987.

[19] BRODSKY J. Less than one [M]. New York: Farrar, Straus and Giroux, 1986.

[20] BRODSKY J. On grief and reason [M]. New York: Farrar, Straus and Giroux, 1997.

[21] BRYDON D ed. "Introduction" to postcolonialism: critical concepts [J]. Literary and cultural studies, Vol. 1, London and New York: Routledge, 2000.

[22] CAREY P. Bliss [M]. London: Faber and Faber, 1981.

[23] CAREY P. Illywacker [M]. New York: Vintage, 1996.

[24] CAREY P. Jack Macks [M]. London: Faber and Faber, 1997.

[25] CAREY P. My Life as a fake [M]. London: Faber and

Faber, 2003.

[26] CAREY P. Oscar and Lucinda [M]. St Lucia: Univ. Queensland Press, 1988.

[27] CAREY P. The fat man in history [M]. St Lucia: Univ. Queensland Press, 1974.

[28] CAREY P. The unusual life of Tristan Smith [M]. London: Faber and Faber, 1994.

[29] CAREY P. True history of the Kelly gang [M]. St Lucia: Univ. Queensland Press, 2000.

[30] CAREY P. War crimes [M]. St Lucia: Univ. Queensland Press, 1979.

[31] CARUTH C. Unclaimed experience: trauma, narrative, and history [M]. Baltimore: Johns Hopkins Univ. Press, 1996.

[32] COETZEE J M. Giving offense: essays on censorship [M]. Chicago: Univ. of Chicago Press, 1996.

[33] COETZEE J M. Fictional beings [J]. Philosophy, psychiatry & psychology 10. 2, 2003: 133 – 134.

[34] COETZEE J M. Diary of a bad year [M]. Melbourne: The Text Publishing Company, 2007.

[35] COETZEE J M. Disgrace [M]. London: Secker & Warburg, 1999.

[36] COETZEE J M. Elizabeth Costello [M]. London: Secker & Warburg, 2003.

[37] COETZEE J M. Foe [M]. Harmondsworth, England: Penguin, 1987.

[38] COETZEE J M. Introduction to Samuel Beckett: The Grove centenary edition vol. IV by Samuel Beckett, edited by Paul Auster [M]. New York: Grove Press, 2006.

参考文献

[39] COETZEE J M. Late essays: 2006 – 2017 [M]. Melbourne: The Text Publishing Company, 2021.

[40] COETZEE J M. Scenes from provincial life: boyhood, youth, summertime [M]. New York, NY: Penguin, 2011.

[41] COETZEE J M. Slow man [M]. London: Secker& Warburg, 2005.

[42] COETZEE J M. Stranger shores [M]. Melbourne: Text Publishing, 2021.

[43] COETZEE J M. The childhood of Jesus [M]. London: Harvill Secker, 2013.

[44] COETZEE J M. The death of Jesus [M]. London: Harvill Secker, 2020.

[45] COETZEE J M. The schooldays of Jesus [M]. London: Harvill Secker, 2016.

[46] COETZEE J M. Waiting for the barbarians [M]. Harmondsworth, England: Penguin, 1980.

[47] COETZEE J M. Youth [M]. London: Vintage, 2003.

[48] COETZEE J M, ATTWELL D. Doubling the point: essays and interviews [M]. Cambridge, MA: Harvard Univ. Press, 1992.

[49] COETZEE J M, WITTENBERG H. Photographs from boyhood [M]. Pretoria: Protea Boekhuis, 2020

[50] COHEN R. Global diaspora: an introduction [M]. Seattle: Univ. Washington Press, 1997.

[51] DARBY P. The fiction of imperialism: reading between international relations and postcolonialism [M]. Routledge, 1995.

[52] DAWES N. Constituting Nationality: South Africa in the fold of the "interim" [J]. Jouvert, 1997, 1.2 [2013 – 03 – 27] https: //legacy. chass. ncsu. edu/jouvert/vli2/DAWES. HTM

[53] DEFOE D. Robinson Crusoe [M]. London: Signet, 1961.

[54] DEGRAZIA D. Animal rights: a very short introduction [M]. Oxford: Oxford Univ. Press, 2002.

[55] DERRIDA J. Specters of Marx: the state of the debt, the work of mourning, and the new international [M]. Trans. KAMUF P. New York: Routledge, 1994.

[56] DIALA I. Nadine Gordimer, J. M. Coetzee and Andre Brink: guilt, expiation, and the reconciliation process in post – apartheid South Africa [J]. Journal of modern literature 25: 2, Winter 2001 – 2: 50 – 68.

[57] DONOVAN J. Miracles of creation: animals in J. M. Coetzee's work [J]. Michigan quarterly review, Winter 2004.

[58] DOVEY T. The novels of J. M. Coetzee: Lacanian allegories [M]. Johannesburg: Ad. Donker, 1988.

[59] DURRANT S. Bearing witness to apartheid: J. M. Coetzee's inconsolable works of mourning [J]. Contemporary literature, 1999 40. 3: 430 – 64.

[60] DURRANT S. Postcolonial narrative and the work of mourning: J. M. Coetzee, Wilson Harris, and Toni Morrison [M]. Albany: State Univ. of New York Press, 2003.

[61] FANON F. The wretched of the earth [M]. Trans. FARRINGTON C. New York: Grove Press, 1963.

[62] FANON F. Black skin, white masks [M]. Trans. MARKMANN C L. New York: Grove Press, 1967.

[63] FARRELL K. Post – traumatic culture: injury and interpretation in the nineties [M]. Baltimore: Johns Hopkins Univ. Press, 1998.

[64] FOUCAULT M. Madness and civilization: a history of insanity in the age of reason [M]. New York: Vintage Books, 1988.

参考文献

[65] FREUD S. The uncanny. [M]. Trans. MCLINTOCK D, Intro. HAUGHTON H, New York: Penguin, 2003.

[66] FREUD S. The interpretation of dreams. [M]. Trans. STRACHEY J, FREUD A. London: Hogarth, 1953.

[67] GALLAGHER S V. A story of South Africa: J. M. Coetzee's fiction in context [M]. Cambridge MA: Harvard Univ. Press, 1991.

[68] GIBBONS L. Edmund Burke and Ireland: aesthetics, politics, and the colonial sublime [M]. Cambridge: Cambridge Univ. Press, 2003.

[69] GIRARD R. Deceit, desire and the novel. [M]. Trans. FRECCERO Y. Baltimore: John Hopkins Univ. Press, 1965.

[70] GLAD J. Literature in exile [M]. Duke Univ. Press, 1990.

[71] GORDIMER N. The Idea of gardening [N]. New York review of books, 1984 – 02 – 02

[72] GORDON A. Ghostly matters: haunting and the sociological imagination [M]. Minneapolis: Univ. Minnesota Press, 1997.

[73] GRAHAM L. "Yes, I am giving him up": sacrificial responsibility and likeness with dogs in JM Coetzee's recent fiction [J]. Scrutiny 2 7.1, 2002: 4 – 15.

[74] GUNNARS K. A writer's writer: two perspectives [J]. World literature today, 78 no1 January/April 2004: 11 – 13.

[75] GURR A. Writers in exile [M]. Sussex: The Harvester Press, 1981.

[76] HALLEMEIER K. J. M. Coetzee and the limits of cosmopolitanism [M]. Palgrave: Macmillan, 2013.

[77] HART M, NEGRI A. Empire [M]. Cambridge: Harvard Univ. Press, 2000.

[78] HEAD D. J. M. Coetzee [M]. Cambridge: Cambridge Univ. Press,

1997.

[79] HOBBEST. On the citizen [M]. ed. and trans. TUCK R. Cambridge: Cambridge Univ. Press, 1998.

[80] HUGGAN G. Critical perspectives on J. M. Coetzee [M]. New York: Macmillan Press, 1996.

[81] JOLLY R, ATTRIDGE D, eds. Writing South Africa: literature, apartheid, and democracy 1970—1995 [M]. Cambridge: Univ. Cambridge Press, 1998.

[82] JOLLY R. Colonization, violence and narration in South African writing: André Brink, Breyten Breytenbach and J M Coetzee [M]. Athens: Ohio Univ. Press, 1995.

[83] JOSE N. Coetzee in China [J]. Texas studies in literature and language, Volume 58, Number 4, Winter 2016: 451 – 472.

[84] KANNEMEYER J C. J. M. Coetzee, a life in writing [M]. London: Scribe Publications, 2013.

[85] KENNER H. The poetry of Ezra Pound [M]. London: Faber and Faber, 1951.

[86] KILLAM G D. African writers on African writing [M]. Evanston: Northwestern Univ. Press, 1973.

[87] KOSSEW S, ed. Critical essays on J. M. Coetzee [M]. New York: Hall, 1998.

[88] KOSSEW S. The politics of shame and redemption in J. M. Coetzee's disgrace [J]. Research in African literatures 34. 2, 2003: 155 – 62.

[89] KOSSEW S. Pen and power, a post – colonial reading of J. M. Coetzee and André Brink [M]. Amsterdam – Atlanta, GA: Rodopi B. V. , 1996.

[90] KRISTEVA J. Powers of horror: an essay on abjection [M].

参考文献

Trans. ROUDIEZ L S. New York: Columbia Univ. Press, 1982.

[91] LACAPRA D. Representing the holocaust: history, theory, trauma [M]. Ithaca: Cornell Univ. Press, 1994.

[92] LDOLINS F, eds. Attitudes to animals: views in animal welfare [M]. Cambridge: Cambridge Univ. Press. 1999.

[93] LEBDAI B. J. M. Coetzee's disgrace: post – apartheid questioning of reconciliation [J]. Commonwealth, 23: 1, 2000: 27 – 33.

[94] LEVIN B. Review of waiting for the barbarians [N]. London *Sunday Times*, 1980 – 11 – 30.

[95] LEYS R. Trauma: a genealogy [M]. Chicago: Univ. of Chicago Press, 2000.

[96] LONGINUS D. On the sublime [M]. Trans. FYFE W H. Cambridge: Harvard Univ. Press, 1995.

[97] LOOMBA A. Colonialism/postcolonialism [M]. New York NY: Routledge, 1998.

[98] LYOTARD, J – F. The postmodern condition. [M]. Trans. BENNINGTON G, MASSUMI B. Minneapolis: Univ. Minnesota Press, 1984.

[99] MACASKILL B, COLLERAN J. Reading history, writing heresy: the resistance of representation and the representation of resistance in J. M. Coetzee's Foe. [J]. Contemporary literature 33. 3, 1992: 432 – 57.

[100] MAUGHAM W. S. Books and you [M]. London and Toronto: Heinemann, 1940.

[101] MCELVOY A. Our past still disgraces us [N]. Saturday Argus, 1999 – 11 – 20.

[102] MILLER H. An Innocent abroad: lectures in China [M]. Evanston: Northwestern Univ. Press, 2015.

[103] MILLER H. Communities in fiction [M]. New York: Fordham Univ. Press, 2014.

[104] MILLER H. The conflagration of community: fiction before and after Auschwitz [M]. Chicago: Univ. of Chicago Press, 2011.

[105] MORPHETT T. Two Interviews with J. M. Coetzee. 1983 and 1987 [J]. Triquarterly 69, 1987: 454 – 65.

[106] OSHINSKY D M. Polio: an American story [M]. Oxford: Oxford Univ. Press, 2005.

[107] PENNER A R. Countries of the mind: the fiction of J. M. Coetzee [M]. Greenwood Press, 1989.

[108] PIPKIN J. The materialsublime of women romantic poets [J]. Studies in English literature 38: 4, 1998: 596 – 620.

[109] PLUTARCH. The moralia [M/OL]. London: George Bell and Sons, 1998: [2010 – 09 – 28]. https: //www. gutenberg. org/files/23639/23639 – h/23639 – h. htm.

[110] ROBERTS S. Post – colonialism: or "the house of Friday" — J. M. Coetzee's Foe. [J]. World literature written in English, 31. 1, 1991: 87 – 92.

[111] RODY C. The mad colonial daughter's revolt: J. M. Coetzee's in the heart of the country [J]. South Atlantic Quarterly, 93. 1, 1994: 157—80.

[112] ROOS B. Feeding national paranoia? [J]. Saturday Argus, Weekend, 22 Jan. 2000: 20.

[113] ROTHP. Nemesis [M]. Boston: Houghton Mifflin Harcourt, 2010.

[114] RUSHDIE S. A novel that leaves us blindfolded among history's rubble [J]. The independent on Sunday, 2000 – 05 – 07: 4.

[115] SAID E. Culture and imperialism [M]. New York: Alfred

A. Knopf, Inc. , 1993.

[116] SAID E. Reflections on exile and other essays [M]. Cambridge, Mass: Harvard Univ. Press, 2000.

[117] SAID E. Orientalism [M]. New York: Vintage. 1979.

[118] SCHIRALDI G R. The post – traumatic stress disorder sourcebook: a guide to healing, recovery, and growth [M]. Los Angeles: Lowell House, 2000.

[119] SCOTT J. Voice and trajectory: an interview with Coetzee J. M. [J]. Salmagundi, Spring/Summer 1997: 82 – 102.

[120] SPIVAK G C. Can the subaltern speak? [M] // Norton anthology of literary criticism. New York: Norton: 2197 – 2208.

[121] SPIVAK G C. Ethics and politics in Tagore, Coetzee, and Certain Scenes of Teaching [J]. Diacritics, 32. 3 – 4, 2002: 17 – 31.

[122] SPIVAK G C. A critique of postcolonial reason: towards a history of the vanishing present [M]. Harvard Univ. Press, 1999.

[123] STANTON K. Cosmopolitan fictions: ethics, politics, and global change in the works of Kazuo Ishiguro, Michael Ondaatje, Jamaica Kincaid, and J. M. Coetzee [M]. New York, NY: Routledge, 2006.

[124] SUNSTERIN C R, NUSSBAUM M C. Animal rights: current debates and new directions [M]. Oxford: Oxford Univ. Press. 2004.

[125] TAYLOR J. The impossibility of ethical action: Disgrace by J. M. Coetzee [J]. Mail and Guardian, 27 July 1999: 2.

[126] TIFFIN C. De – scribing empire: post – colonialism and textuality [M]. New York, NY: Routledge, 1994.

[127] TREMAINE L. The embodied soul: animal being in the work of J. M. Coetzee [J]. Contemporary Literature, Winter 2003: 587 – 612.

[128] 奥辛斯基 D M. 他们应当行走：美国往事之小儿麻痹症 [M]. 阳曦，译. 北京：清华大学出版社，2015.

[129] 亨利·雷马克. 比较文学的定义与功用 [M] //比较文学译文集，张隆溪选编. 北京：北京大学出版社，1982.

[130] 亨利·雷马克. 比较文学的起源和发展与比较文学的跨学科研究 [J]. 耿强，译，中国比较文学. 2009 年第 3 期.

[131] 库切. 异乡人的国度 [M]. 汪洪章，译. 杭州：浙江文艺出版社，2016.

[132] 乐黛云. 多元文化与比较文学的发展 [J]. 解放军艺术学院学报，2002 年第 4 期.

[133] 欧阳哲生. 胡适文集：卷二 [M]. 北京：北京大学出版社，1998.

[134] 塞万提斯. 堂吉诃德 [M]. 杨绛，译. 北京，人民文学出版社，2003.

[135] 陀思妥耶夫斯基. 卡拉马佐夫兄弟 [M]. 荣如德，译. 上海，译文出版社，2004.

[136] 王敬慧. 库切评传 [M]. 北京：北京大学出版社，2010.

[137] 王忠祥. 易卜生精选集 [M]. 北京：北京燕山出版社，2004.

[138] 许慎. 说文解字 [M]. 北京：中华书局，1978.

附录一 致敬文学社群理论研究先驱——米勒教授

2021年2月9日，我在做读书笔记，希望再梳理一下米勒教授在小说中所做的社群研究，电脑页面的标题是从《小说中的社群》到《社群的爆燃：奥斯威辛前后的小说》，突然看到米勒教授去世的消息。太惊讶了，我不敢相信，因为他是非常乐观豁达的老人，我一直觉得他成为百岁老人是没问题的。2020年9月我还曾写信问候他老人家，因为读到华莱士·斯蒂文斯的组诗《看黑鸟的十三种方式》，这是他曾向我特别推荐的一位美国诗人。我特别赞同他曾引用的诗人的一句话，"如果说头脑是这个世界上最令人恐怖的力量，那它也是这个世界上唯一一能帮助我们对付恐怖的力量"。在疫情横行、各种社会问题暴发的时候，我想和他分享这句话的作用——如何给人类带来安神的慰藉。

我多么希望他去世的消息是假的，亲自去搜寻网络媒体，看着大家对他的缅怀，都是"善良""慷慨""周到""睿智"等字眼，一位严谨的学者用了"The best, kindest and most generous scholar"来形容他。说真的，新冠肺炎疫情，看了太多生者对亡者的祭奠话语，而读到这些对他的

笔者制作的"看黑鸟的十三种方式"
剪纸画册，以纪念米勒教授。

评价，还是深深感慨，米勒教授的最大的成就不仅仅在于他是一位伟大的解构主义理论家，更在于他是一个如此被喜爱的学者，而这种喜爱就来自他传递给大家的那种深深的善意。

关于他的生平，相信会有许多的文字，我想从一些亲身经历来描述我所看到的米勒教授和感受到的他善良慷慨的性格。首先，他是一位睿智的文学研究引领者。我作为一位比较文学的研究者，像许多的学者一样，也曾得到他很多的帮助和点拨。与米勒教授的最初接触是因为 2004 年在北京的一次国际会议。我负责机场接送他，路上有时间，所以聊到我当时正在做的库切研究。他也写过关于库切的论文，耐心地听我讲，然后告诉我可以接着读哪方面的文章和书籍。当时，我应该是在翻译《福》，对库切改写经典《鲁滨孙漂流记》的主题很感兴趣，他则建议我不仅要注意《鲁滨孙漂流记》和《摩尔·弗兰德斯》，还可以读读另外一个版本的瑞士鲁滨孙漂流记，这是他小时候非常喜欢读的一本书。后来我真的在网上淘到这本书，它也成为我和我的家人更喜欢的一个《鲁滨孙漂流记》的版本。文学的阅读和研究是一种随缘的事情，如果没有米勒教授的介绍，估计这个瑞士版本不会漂流到我们家，也不会有后来我借鉴他的后现代社群理论来研究库切的文本。

其次，他是一位特别理解他人的学者。2016 年，我帮助翻译他和张江老师关于文论的书信对话。米勒教授很高兴我能帮助做中间的英汉转译，并表达了他对我的信任。这也让我更加认真对待这个翻译任务，每次拿到信件后，不论英译汉，还是汉译英，我都尽量保证两天内翻译完成，确保不耽误双方的交流。但是这过程中，曾经有一次信件翻译，我的速度可能要慢一点，因为我要回老家给 109 岁的姥姥祝寿。我和他解释原因，他知道了后很高兴，觉得祝寿的事情更有意义。我们还开玩笑地说，他不到九旬，还很年轻，要像我姥姥学习，但是不用把目标定得太远，先定十年目标，然后逐渐递进。我还畅想着到了那个时候，我的女儿应该是在读博士吧？希望能带着女儿去参加他的百岁庆祝，就像我陪着我的妈妈给姥姥祝寿一样。他很善意地表示喜欢这个想法。现在，妈妈不在了，姥姥不在了，善良慷慨的米勒教授也不在了，然后还有更多的人会离开这个世界，包括我们每一个人。

米勒教授传递给我的善意很多，最让我感动的是他支持我的比较文学研究，帮助准备翔实的推荐信，鼓励我前行。记得我们学校有一个可以外派哈佛燕京学者的项目，我给米勒教授发去我的研究计划——中国古代哲学观念与德里达延异论之间关于他者比较，询问他是否可以帮我写一封推荐信。他认真地阅读我的研究计划，几天之后，发来写了满满 3 页纸的推荐信，肯定我所写的研究计划的意义，希望我在比较文学研究领域做更多的贡献，他也详述十几年间，对我学术能力的了解，特别感谢我在他与中国学者关于解构主义理论的对话中起到的翻译桥梁作用。他的肯定给了我继续将课题研究下去的力量，两年后，我将研究计划完善，在美国期刊 *Derrida Today* 上发表了相关文章。现在，我在国外做中国文化的海外传播与交流工作，这后面的动力也包括他的鼓励。

记得他在推荐信中说："中西方之间的相互了解，不论是在政治层面，还是文化和知识层面，都具有许多重要意义，因为两种不同文化之间，最关键的是交流。王敬慧教授的研究项目通过将中国传统观念中的阴阳思维与德里达的思想并置和比较，非常有助于这种相互的交流与理解。"他的认同让我更加深信，通过各种方式促进中西文化的交流是非常有意义的事情。正是有了这种在解构主义批评中进行中西交流的理念基础，我在伦敦的海外文化交流工作能够顺畅开展。

悲伤地确认了他去世的消息，我看着电脑上正在做的关于他文集的读书笔记。他正在讲述作家的良知：作家"以某种类似的方式，或者更确切地说是被作家发明的叙述者，通过一种不可思议的心灵感应，渗透并向每个读者透露他们角色的秘密。他们向周围的人、家人、朋友和整个社群揭示了人物心中保存的珍贵的东西"。

在他看来，作家要遵循的是"良知的召唤"，在笔者看来，米勒的一生也在遵循着文学的召唤，挖掘着文学潜移默化的艺术力量。他研究狄更斯、康拉德、维多利亚时代小说，他也关注网络文学等各种新式文学创作的发展。米勒教授从 1958 年出版第一本书《狄更斯与他的世界》到现在，著作等身。单单是我眼前重新细读的这两本书，就可以看到他广泛的阅读和不断深入的思考。在《社群的爆燃：奥斯威辛前后的小说》这本文集中，他解读了肯尼利的《辛德勒名单》、麦克尤恩的《黑犬》、斯皮格尔曼的《鼠族》和凯尔泰斯的《无命运的人生》等，并把他们的作品与卡夫卡的作品联系比较，目的是探讨文学见证极端经历的可能性。

通过这样的社群阅读，在各类文本和现实之间构筑起一个虚拟的奥斯威辛，他认为"卡夫卡的作品预示了奥斯威辛集中营的出现，凯尔泰斯的《无命运的人生》回应了卡夫卡，而莫里森的后奥斯威辛小说《宠儿》同样具有卡夫卡小说的特点。"他对文本的社群研究仍旧是为了寻找积极人性的展现，提醒人们警惕集权的危险。"关塔那摩监狱不是奥斯威辛，但也并非与纳粹'劳动营'完全不同。"米勒的后现代社群研究与后现代解构主义的方式一致——看似解构，实则建构。比如在评论南希著作的英译"The Deconstruction of Community（社群的解构）"时，他说"选词不错，同时表达出相互对立、相互映照的两层意义，既是完成又是消解，既是铸造又是拆卸"。解构的同时也是在建构，这也是文学作品的特点，因为文学作品就是人生的各种组成部分被作者以不同的方式和背景来展现。

米勒教授有一个特别著名的演讲，主题是"在这些糟糕的日子里，阅读文学有什么好处?"，他结合伊瑟尔的《虚构与想象》（*The Fictive and the Imaginary*），以库切的《等待野蛮人》做例子来讲述文本如何通过虚构的形式将不可言说的内容具象化，又不受时间、地点和文化的影响。在这个演讲中，米勒教授用他令人信服的论述让听众和读者明白，"我们阅读是因为文学文本为我们提供了想象的世界，使我们能够融合不同层次的真实"。他的这个演讲不仅证明了文学的不可或缺的作用，也证明了文学批评可以对当代社会做出宝贵贡献。

《小说中的社群》里有一个章节曾讨论品钦和塞万提斯作品中的后现代社群书写。他在该章节的篇头引用了美国 20 世纪 70 年代著名的漫画作品《*Pogo*》中的一句话，"我们已经看见了自己的敌人，他就是我们自己。"如果大家看过库切最近亲自操刀参与改编的电影《等待野蛮人》，就会知道里面的老行政长官也在强调同样的话："就我所知，我们没有敌人。除非，我们自己就是那个敌人。"为什么我们是自己的敌人？——那些战争不是我们人类自己发起的吗？那些气候的变化不是我们破坏环境引发的吗？说到瘟疫，从无助到找到解决方法，不也是需要人类自己的努力吗？这里我想到米勒教授本人，其实他是 20 世纪上半个世纪的一场流行病——脊髓灰质炎的幸存者。和罗斯福总统的经历一样，他在度假期间感染病毒，万幸的是他只是一只手臂受损。后来，罗斯福发起基金会鼓励疫苗研发，人类终于找到了根除脊髓灰质炎的疫苗；他们都经历过瘟疫的打击，也更加知道生命的意义，更努力地让这个世界变得更好。只可惜，这次米勒教授没有平安度过新冠病毒感染疫情。

"我们的敌人是谁，是我们自己。"我同意和理解这种观点，但是更确切地说，我们的敌人可能不是我们自己，也许是时间——是我们如何处理自己与时间的关系。我们能做的只是在有限的时间内，尽可能做有意义的事情——传递我们曾经感受到的善意，最终，我们都会是彼岸的他者。能活过百岁当然好，但是更好的是活着的每一天能够有意义地度过，等你成为彼岸的他者时，仍能够被此岸的人记得，而米勒教授就是这样一位被此岸的人缅怀着的彼岸他者。缅怀前辈最好的方式是继承他所倡导的研究方法和理念，笔者将继续从社群研究的角度阅读库切的文本，深入探究库切如何在文本中思考人与人之间的关系建构。

附录二　库切作品目录英汉对照

一、长篇小说

1. 《幽暗之地》*Dusklands*，1974

2. 《内陆深处》*In the Heart of the Country*，1977

3. 《等待野蛮人》*Waiting for the Barbarians*，1980

4. 《迈克尔·K 的生活和时代》*Life and Times of Michael K*，1983

5. 《福》*Foe*，1986

6. 《铁器时代》*Age of Iron*，1990

7. 《彼得堡的大师》*The Master of Petersburg*，1994

8. 《耻》*Disgrace*，1999

9. 《伊丽莎白·科斯特洛：八堂课》*Elizabeth Costello：Eight Lessons*，2003

10. 《慢人》*Slow Man*，2005

11. 《凶年纪事》*Diary of a Bad Year*，2007

12. 《耶稣的童年》*The Childhood of Jesus*，2013

13. 《耶稣的学生时代》*The Schooldays of Jesus*，2016

14. 《耶稣之死》*The Death of Jesus*，2019

二、自传体小说

1.《男孩：外省生活场景之一》*Boyhood：Scenes from Provincial Life I*，1997

2.《青春：外省生活场景之二》*Youth：Scenes from Provincial Life II*，2002

3.《夏日》*Summertime*，2009

4.《外省人生活场景》*Scenes from Provincial Life*，2011

三、短篇小说

1.《三个故事》*Three Stories*，2014

2.《七个道德故事》*Sietecuentos morales*（首版为西班牙语）2018

四、其他

1.《白人写作：南非文字文化》*White Writing：On the Culture of Letters in South Africa*，1988

2.《双重视角：散文与访谈集》*Doubling the Point：Essays and Interviews*，1992

3.《冒犯：论文字审查制度》*Giving Offense：Essays on Censorship*，1996

4.《动物的生命》*The Lives of Animals*，1999

5.《陌生的海岸：1986—1999 文学论文集》*Stranger Shores：Literary Essays*，1986—1999，2000

6.《划船人的风景：荷兰诗选》*Landscape with Row-*

ers：*Poetry from the Netherlands*，2004，（译作）

7.《分离的土地》*A Land Apart：A Contemporary South African Reader*，1985，（主编）

8.《此时此地》，Here and Now，2013，（书信集）

9.《好故事：关于真实、虚构与心理治疗的交流》，*The Good Story：Exchanges on Truth，Fiction and Psychotherapy*，2015，（对话交流集）

10.《库切，少年影像集》，*J. M. Coetzee – Photographs from Boyhood*，2020

附录三　库切大事年表

1940 年 2 月 9 日，出生于南非开普敦。

1941—1945 年，父亲就职于南非军队，驻扎过北非和意大利。

1943 年 4 月 8 日，弟弟大卫（David Keith Coetzee）出生。

1948 年，南非白人执政党国民党在大选中获胜，库切全家搬到开普敦附近小镇。

1949 年，南非政府颁布《禁止（不同种族）通婚法》禁止白人与"非白人"通婚或发生性关系。

1950 年，南非政府颁布《不道德法》。

1952 年，南非政府颁布《统一土著身份证法》。

1953 年，南非政府颁布《公共场所隔离法》，鼓励地方当局对汽车、火车、饭馆、厕所、影院、公园、银行、邮局等公用设施实行种族隔离。

1960 年 3 月 21 日，沙佩维尔事件暴发。

1961 年，南非宣布独立，库切本科毕业，获得开普敦大学数学和英语双学位，离开南非前往英国。

1962 年，曼德拉被捕；库切在英国伦敦 IBM 公司做程序员，一直到次年。

1963 年，获得开普敦大学硕士学位，同年与菲利帕·

嘉博（Philippa Jubber，1939—1991）结婚。

1964—1965 年，在英格兰中南部贝克郡 International Computers 公司做系统程序员。

1965 年，到美国奥斯丁德克萨哈斯大学攻读博士学位，同时做助教。

1966 年，儿子尼古拉斯·库切出生（1966—1989）。

1968 年，女儿吉塞拉（Gisela）出生。

1969 年，完成有关贝克特的博士论文，获得博士学位。

1968—1971 年，在美国水牛城纽约州立大学任教。

1972 年，申请美国永久居留权被拒。

1974 年，出版小说《幽暗之地》，该书使他获得莫弗洛—普罗莫（Mofolo – Plomer）奖。

1976 年，出版小说《内陆深处》，该书使他获得南非中央通讯社文学（CNA，Central News Agency Literary Award）奖。

1980 年，出版小说《等待野蛮人》，该书使他第二次获得 CNA 奖，也获得杰弗里·费伯纪念奖（Geoffrey Faber Memorial Prize）奖，以及詹姆斯·泰特·布莱克纪念奖（The James Tait Black Memorial Prize）奖；同年，与菲利帕·嘉博离婚。

1983 年，出版小说《迈克尔·K 的生活和时代》，该书使他第三次获得 CNA 奖，第一次获得布克奖。

1984 年，在开普敦大学晋升文学教授；同年，他的小说《内陆深处》被拍成电影，名字为《风尘》（Dust）。

附录三 库切大事年表

1985 年，主编《分离的土地》，《迈克尔·K 的生活和时代》法语版获得第一届费米娜外国小说奖；同年，母亲去世。

1986 年，出版《福》。

1988 年，出版《白人写作：南非文字文化》；同年，父亲去世。

1989 年，儿子尼古拉斯在约翰内斯堡去世。

1990 年，出版《铁器时代》。

1991 年，南非议会陆续通过法案废除 80 多项种族主义法令，包括被称为种族主义法令四大基石的《人口登记法》《土地法》《集团住区法》《公共场所隔离法》。

1992 年，出版《双重视角：散文与访谈集》。

1994 年，出版《彼得堡的大师》。

1995 年，获得《爱尔兰时报》国家小说奖。

1996 年，出版《冒犯：论文字审查制度》。

1997 年，出版《童年：外省生活场景之一》。

1999 年，出版《动物的生命》。

1999 年，出版《耻》，该书使他第二次获得布克奖。

2000 年，出版《陌生的海岸：1986—1999 文学论文集》。

2002 年，移民澳大利亚，出版《青春：外省生活场景之二》。

2003 年，出版《伊丽莎白·科斯特洛：八堂课》，该书入围布克奖长名单；同年，获得诺贝尔文学奖。

2004 年，翻译出版《划船人的风景：荷兰诗选》。

2005 年，出版《慢人》（*Slow Man*），入围布克奖长名单；同年，南非政府授予库切马蓬古布韦勋章（金级）。

2006 年，成为澳大利亚公民。

2007 年，出版《凶年纪事》。

2009 年，出版《夏日》，入围布克奖短名单。

2010 年 1 月，唯一的弟弟在美国华盛顿因癌症去世。

2013 年，出版《耶稣的童年》，与保罗·奥斯特的书信集《此时此地》。

2014 年，阿德莱德举办了为期三天的库切研究学术研讨会（会议题目：库切在世界之中）。

2015 年，阿德莱德大学成立了库切创意写作中心，出版与心理学家阿拉贝拉·科茨交流的对话集《好故事：关于真实、虚构与心理治疗的交流》，库切开始担任为期三年的阿根廷圣马丁国立大学南方文学研讨会的负责人。

2016 年，澳大利亚政府出台离岸拘留寻求庇护者的政策，该政策被 61 位名人联名谴责，库切是联名者之一；同年，出版《耶稣的学生时代》入围布克奖长名单。

2017 年，出版文论集《晚期文集：2006—2017 年》。

2018 年，发表西班牙语短篇小说集《七个道德故事》。

2019 年，出版《耶稣之死》。

2020 年，伴侣多萝西·德赖弗主编出版了《好友之书》，内容是库切的朋友们所写的文字，大家共同庆祝库切 80 岁生日；同年，出版《库切，少年影像集》，合作采访人是赫尔曼·维滕贝格。

后 记

从 2007 年笔者写完第一本《永远的流散者：库切评传》，到今天完成第二本库切专著，已经过去了 15 年。可以说，此书是 15 年的阶段性研究成果。

除了附录里对米勒教授的感谢之外，笔者首先要特别感谢库切，因为他的文本给笔者带来了非常充实和幸福的研究历程。在此期间，除了研究库切文本之外，笔者还翻译关于库切的另一本传记《J. M. 库切传》（57 万字）、他最新的一本文论集（包括他从 2006 年到 2017 年间发表的 23 篇论文）和他所创作的小说《耶稣之死》。另外，笔者也负责审译了《库切摄影集》的中文翻译版。

这本书能够完成，笔者还要感谢清华大学的领导、前辈和同事，没有各位宽广的人文视野、博爱的情怀，没有清华大学的科研经费与学术支持，没有良好的学术休假制度，笔者不可能平安地在异国他乡修订和完成这本书稿。要感谢的清华人太多，如果一一列出来，这个单子要几页长。请相信，我记得各位给我的每一次的帮助和支持。是你们让我更多地了解和感悟清华行胜于言的校风，是你们让我心中充满温暖和力量，是你们让我满怀感恩之情、幸福地做学术，然后快乐地与清华学子分享收获，把知识和爱传递下去。

我深知自己在浩如烟海的文学研究中有多么肤浅和渺小，所以并不是很积极地去表达。也因此特别感谢上海交通大学、中国政法大学、云南大学和北京交通大学等高校的学术同道的讲座邀请和鼓励，还有《新京报》《文艺报》《光明日报》《北京日报》《品味经典》《英语学习》《比较文学与跨文化研究》《山东外语教学》等期刊、报纸刊发我的文字。这些内容累积起来构成了此书的主体部分。

当然，我还要感激家人的理解和支持。15 年前那本书的后记里，感谢的家人里面还有父母健在的，现在尽管他们不在了，但是他们的爱依旧在。就如同库切在接受诺贝尔文学奖的演讲前问过的一个反问话，"如果不是为了我们的母亲，我们还会为谁去做那些争取获奖的努力呢?"我们所做的一切其实源自我们曾经感受到的爱，特别是父母的爱……

谨以此书献给所有让我感受到爱、激励我前行的人们，有你们的鼓励，我的库切研究会继续下去。

库切与笔者　摄影：ThuyLieu